위험한
자본주의

출판은 '사람과 나무 사이에서' 이루어지는 가치 있는 일입니다.
도서출판 사람과나무사이는 의미 있고 울림 있는 책으로 독자의 삶을
좀 더 풍요롭게 만들기 위해 최선을 다하겠습니다.

First published in Japan by SHODENSHA Publishing Co., Ltd., Tokyo.
This Korean edition is published by arrangement with SHODENSHA Publishing Co., Ltd., Tokyo in care of Tuttle-Mori Agency, Inc., Tokyo through ENTERS KOREA CO., LTD., Seoul.

위험한 자본주의

자본주의를 모르면 자본주의에 당한다!

마토바 아키히로 지음 | 홍성민 옮김

사람과
나무사이

일러두기

1. 맞춤법, 띄어쓰기, 외래어 표기는 국립국어원《표준국어대사전》을 따랐다.
2. 본문에 사용한 기호는 다음과 같이 원칙을 정해 사용했다.
   『 』: 단행본
   《 》: 신문, 잡지 등
   〈 〉: 연극, 영화, 음악, 미술작품 등
3. '옮긴이' 표시하지 않은 본문 주석은 모두 저자 주다.
4. 엔화 vs. 원화 환율을 1엔당 10원으로, 달러 vs. 원화 환율을 1달러당 1,200원으로 통일하여 원화로만 표기했다.

"항아리 속에선 항아리의 모습을 볼 수 없다."

– 카를 마르크스

저자 서문

마르크스에게 배우는
살아 있는 자본주의 세계사

『위험한 자본주의』는 내가 교수로 근무하고 있는 가나가와대학에서 학생들에게 강의한 내용을 바탕으로 집필한 책입니다. 현대 자본주의 구조를 마르크스 경제학을 토대로 알기 쉽게 설명하는 것이 강의의 주목적이었습니다.

요즘 학생들은 인류 역사와 인간 사회가 작동하는 메커니즘에 대한 이해가 턱없이 부족합니다. 자본주의가 어디서 왔는지, 또 자본주의를 자본주의답게 하는 본질은 무엇인지 잘 알지 못합니다. 그런 문제의식의 연장선에서 이 책을 쓰게 되었습니다. 나는 이 책을 통해 중요한 역사적 주제를 이야기하면서 현대 자본주의 시스템의 본질과 메커니즘을 통찰해보고자 했습니다.

『위험한 자본주의』는 자본주의가 완벽하게 자리 잡고 급속히 성장하며 전 세계를 휩쓸었던 19세기와 20세기의 200여 년을 중점적으로 다루고 있습니다. 그러나 이 책은 유럽에서 농업자본가와 농업노동자가 탄생하며 자본주의의 싹을 키워가던 14~15세기까지 거슬러 올라갑니다.

자본주의가 그야말로 자본주의로 발전하기 위해서는 무엇보다 왕성한 '자본 축적'이 요구됩니다. 이런 자본 축적은 15세기 이후 유럽 강대국들이 치열한 신대륙 발견과 수탈 경쟁을 벌이던 대항해 시대에 본격적으로 이루어졌습니다. 이 책은 이 시대에 대해서도 나름대로 자세히 다루고 있습니다.

위에서 언급한 대로 자본 축적, 즉 자본주의 형성을 위한 물적 토대는 15세기 이후의 대항해 시대에 만들어졌습니다. 그러나 그것만으로 자본주의의 토대가 충분히 갖춰진 것은 아니었습니다. 자본주의가 그야말로 자본주의로 자리매김하기 위해서는 자본 축적 못지않게 중요한 요소가 하나 더 필요했습니다. '자본주의 정신'이 그것입니다. 절묘하게도 16세기에 독일과 프랑스 등 여러 나라에서 마르틴 루터Martin Luther, 1483~1546, 장 칼뱅Jean Calvin, 1509~1564 등에 의해 종교개혁이 일어나면서 이른바 자본주의 정신이 만들어졌습니다. 그리고 최종적으로 대량생산에 기반을 둔 산업혁명이라는 역사적 사건을 거쳐 소유와 이기심이 인간 본래의 정신으로 각인되면서 자본주의는 거침없이 질주하기 시작했습니다. 18세기 이후의 일입니다.

이 책은 전체 6장으로 구성되었습니다. 장 제목을 보면 알 수 있듯이 연대순으로 자본주의의 역사를 뒤쫓는 책은 아닙니다. 그보다는 현대사회에서 일어나는 여러 복잡한 문제들, 예컨대 우크라이나를 둘러싼 국제 문제, 집단자위권과 센카쿠 열도尖閣列島. 중국명 댜오위다오 문제, 노동조합 문제, 민주주의와 인권 문제, 사회주의 및 공산주의 사상에 관한 문제, 자본주의 사회의 미래를 어떻게 예측하고 대비할 것인가 하는 문제를 과거와 현재를 종횡무진 오가며 설명합니다.

나는 『자본론Das Kapital』(제1권은 1867년에 간행)에 의지해 이 책의 커다란 이론 틀과 뼈대를 세웠습니다. 그런 의미에서 무엇보다 『자본론』의 저자인 카를 마르크스Karl Heinrich Marx, 1818~1883에게 먼저 감사를 전하고 싶습니다. 그 밖에 이 책의 기획을 도와준 노자와 카즈마 씨, 쇼덴사의 호리 히로키 씨, 그리고 여러 달 동안 수업을 들으며 함께 지적여행을 즐겨준 학생들에게 감사를 전합니다.

차 례

제 1 장

자본가와 노동자

제2장

자본 축적에 이용되는 교육

제3장

민주주의와 개인주의

제4장

세계화와 자본주의 사회

제5장

다양화하는 세계

제 6 장

사회주의는 끝났을까

제 1 장

자본가와 노동자

노동력이 남아도는 시장을 만들어
이윤을 남기려 한다면 답은 하나입니다.
지금 있는 노동자의 외부에
'노동자 예비군'을 만드는 방법입니다.
노동시장에 지금까지 상상하지도 못했던
전혀 새로운 개념을 만들어내는 것입니다.

부의 지배자가 지주에서 자본가로

시민혁명이라고 하면 정치적인 혁명과 관련지어서만 생각하기 쉽습니다. 교과서에서도 그 부분만 강조됩니다. 그러나 실제로 나쁜 국왕과 제후를 추방하거나 처형하는 상황에서 혁명은 이중적인 성격을 띱니다. 하나는 정치적 혁명의 성격이고, 다른 하나는 경제적 혁명의 성격입니다.

자본주의 혁명 과정에서 봉건시대의 지배계급인 지주들이 몰락합니다. 두 가지 핵심적인 과정을 통해 자본주의 혁명은 달성됩니다. 첫째, 지주제도의 바탕을 이루는 봉건적 토지제도 무너뜨리기. 둘째, 농민을 노동자로 만들기. 결국, 부의 지배자이자 대중의 수탈자가 지주에서 자본가로 바뀌게 되는 것입니다. 여기에도 물론 예외는 있습니다. 이른바 선견지명을 가진 일부 지주들이 재빠르게 자본가로 간판을 바꿔 답니다. 그러나 지배계급 vs. 피지배계급의 기본 구조는 바뀌지 않습니다.

이러한 이행은 순식간에 이루어진 것이 아니라 오랜 시간에 걸쳐 서서히 실현되었습니다. 애초에는 지주, 노동자, 자본가의 세 계급이 병존하다가 차츰 지주계급은 소멸하고, 결국 노동자계급과 자본가계급만 남게 되었습니다. 이 과정에서 인간의 의식구조와 사고방식도 크게 바뀌었습니다.

19세기까지만 해도 많은 사람이 사후에 지주로 다시 태어나길 바랐습니다. 실제로 당시에 인기를 끌었던 소설에도 그런 내용이 나옵니다. 그러다가 20세기가 되면서 대중이 선망하는 계급이 지주에서 자본가로 바뀌었습니다.

토지는 자유가 없습니다. 그러나 자본은 자유를 누립니다. 토지는 움직일 수 없으므로 시대가 변함에 따라 가치가 감소할 수도 있습니다. 시골 땅이 개발되어 갑자기 가치가 오르는 경우도 있지만, 반대로 큰 인기를 누리던 땅값이 곤두박질치는 사례도 드물지 않습니다. 그러나 자본은 언제든지 가치를 만들어낼 수 있는 장소로 자유롭게 옮겨 다닙니다.

봉건시대에는 지주가 소작농에게 땅을 빌려주고 그 땅에서 수확한 '현물'을 대가로 받았습니다. 말하자면 '현물 차지료'입니다. 자본주의 사회로 넘어오면서 이것이 '돈'으로 바뀌었습니다. 수확한 농산물을 다른 곳에서 돈으로 바꿔 그 일부를 건넸던 것입니다. 그 결과 차지료는 순식간에 증권화되었으며, 화폐 차지료는 도시로의 화폐 유입을 부추겼습니다.

에도시대1603~1867의 일본에서는 쌀로 차지료를 받는 일이 일반적이었습니다. 쌀이 돈의 역할을 대신했던 것입니다. 봉건시대의 무사계급은 자신의 주군에게 쌀을 녹봉으로 받았습니다. 즉 돈 대신 쌀을 현물로 받았으며, 그것을 돈처럼 사용했던 것입니다. 이 역시 화폐 차지료인데, 이때 기준이 된 것은 돈의 액수가 아니라 쌀의 양이었습니다. 토지가 가치를 만들어내는 이런 방식의 봉건적 관계를 에도 말기까지 유지했습니다.

이런 상황 속에서 과연 어떤 일이 일어났을까요? 벼농사의 생산성이 향상됨에 따라 같은 분량의 쌀값은 점점 더 떨어질 수밖에 없었습니다. 한 석, 열 석 하는 식으로 쌀의 분량을 기준으로 지급되었던 녹봉의 가치도 상대적으로 떨어졌습니다. 이른바 인플레이션이 닥친 것입니다. 이런 문제를 해결하고 개선하려는 조치가 이어졌지만 급격한 변화의 속도를 따라가지는 못했습니다. 이렇게 해서 에도시대 말기에 무사 계급은 점점 더 가난해졌고, 그 대신 이들을 상대로 고리대금업을 하는 사람들이 힘과 영향력을 획득해갔습니다. 몰락해가는 무사 계급을 상대로 돈놀이를 하는 사람들, 즉 도시의 상인계급이 사회의 주류 세력으로 전면에 나타나기 시작한 것입니다. 이런 과정을 거치면서 국가 경제는 자연스럽게 현물 차지료에서 화폐 차지료로 이행했습니다.

상황이 이렇게 되자 돈을 가진 사람들은 지주계급으로 남아 있는 것보다 자본가계급으로 말을 갈아타는 것이 훨씬 유리하다는 사실을 깨닫기 시작했습니다. 이런 경향은 본격적으로 속도를 내기 시작한 자본주의가 좀 더 거침없이 질주하고 세력을 확장하는 데 결정적인 영향을 미쳤습니다.

검소한 자본가 빌 게이츠와 워런 버핏은 자본주의의 영웅인가

봉건시대에는 특정 지역이나 한 나라의 경제를 좌지우지할 정도로 막대한 재산을 가진 자들이 부를 쌓아놓고 있지만은 않았습니다. 그들은 자신이 가진 재산을 적극적으로 소비했습니다. 그에 반해 오늘날의 자본가들은 대체로 잘 소비하지 않습니다. 이를테면 투자의 신이자 빌 게이츠Bill Gates, 1955~와 함께 전 세계에서 가장 재산이 많은 사람 중 하나인 워런 버핏Warren Buffett, 1930~은 약 1,440만 원짜리 2001년산 링컨 타운카를 오래 탔던 것으로 유명합니다. 빌 게이츠는 또 어떤가요? 지난 21년 동안 무려 15번이나 세계 최고 부자 자리를 지킨 갑부 중의 갑부인 그는 청바지를 즐겨 입고, 비행기로 이동할 때는 일반석economy class을 자주 이용합니다.

모든 억만장자가 그런 것은 아니지만, 꽤 많은 자본가가 뜻밖에 매우 소박한 삶을 살고 있습니다. 수조 혹은 수십조 원의 막대한 재산을 소유한 부자들이 서민보다도 돈을 쓰지 않는 경우가 많습니다. '그런 곳에 쓸 돈이 있으면 새로운 사업이나 금융상품에 투자하자'라는 생각에서 나온 결과가 아닐까요? 혹은 더 크게 투자해야 할 기회를 노리며 돈을 쓰지 않고 모아두는 것일 수도 있습니다. 그들은 "낭비하지 않으므로 돈이 모인다. 돈에 연연하지 않으면 저절로 돈이 찾아온다"라고 입버릇처럼 말하곤 합니다.

아무튼, 겸손하면서도 근검절약을 생활화하는 자본가에게 사람들은 박수갈채를 보냅니다. "도코 도시오1896~1988, 대중에게 존경받는 일본의 경영자로, 도시바 회장과 경제단체연합회 회장을 지냄는 아침에 정어리를 먹는대요"라는 식으로 미담을 속삭입니다. '자신을 위해 일하는 많은 사람을 고용하고, 호화로운 저택에 살면서 평범한 사람들은 평생 만져보기도 어려운 명품을 수시로 구매하는 벼락부자는 천박하다. 도저히 좋게 봐줄 수가 없다.' 이것이 오늘날 부자를 바라보는 대다수 사람의 보편적인 감정입니다. 그러나 과연 그럴까요?

예전 봉건시대의 왕과 왕후 그리고 귀족들은 돈을 모으는 데는 별로 관심이 없었습니다. 그들은 자신이 가진 재산을 아낌없이 사용하고 소비했습니다. 멋진 성에 살면서 드넓은 정원을 최고의 상태로 관리하게 하고, 값비싼 공예품과 미술품을 경쟁적으로 사 모았습니다. 좀 더 막강한 힘을 가진 사람들은 단지 명품을 구매하는 일에 만족하지 않고 전속화가를 고용하기도 했습니다. 단언하건대, 메디치 가문Medici family이 없었다면 레오나르도 다 빈치Leonardo da Vinci, 1452~1519 와 미켈란젤로Michelangelo di Lodovico Buonarroti Simoni, 1475~1564로 대표되는 르네상스는 일어나지 않았을 것입니다. 또한, 뛰어난 화가를 알아보고 투자를 아끼지 않은 스페인 왕가가 없었다면 벨라스케스Diego Rodríguez de Silva Velázquez, 1599~1660의 위대한 작품도 세상에 나오지 못했을 것입니다.

그들의 소비로 인한 경제적 파급효과 또한 무시할 수 없습니다. 전속화가들 역시 자신이 번 돈을 가지고 적극적으로 소비하기 때문입니다. 봉건사회의 왕이나 귀족들은 중국과 일본에까지 건너가 비싼 값을 지급하고 미술품이나 공예품을 경쟁적으로 수입했습니다. 그들의 이러한 낭비에는 부정적인 면도 있었지만 긍정적인 점도 적지 않았습니다. 그러한 그들의 행위가 경제 전체에 긍정적인 영향을 미쳤으며 문화와 예술을 크게 발전시킨 것만은 분명해 보입니다. 말하자면, 그들은 자신의 고품격 사치를 통해 '돈은 돌고 도는 것'임을 실제로 보여주었던 것입니다.

왕이나 귀족이 당대의 뛰어난 화가를 독려하여 대작을 그리게 하면 그 밑에서 일하며 배우는 말단 화가의 실력도 덩달아 향상됩니다. 그리고 그런 행위가 그 아래의 지주계급에까지 퍼져 문화예술적인 사회 분위기가 만들어집니다. 말하자면 이것은 간접적인 '부의 분배'인 셈이며, 거기서부터 문화예술 발전의 싹이 움트기 시작합니다. 이런 선순환 속에서 산업 전체가 탄력을 받아 기술이 발달하고 문화예술이 융성합니다. 그리고 그렇게 이루어진 기술 발달이 종국에 가서는 산업혁명의 토대가 되었다고 보아도 무리는 없을 것입니다.

영국의 경제학자 토머스 로버트 맬서스Thomas Robert Malthus, 1766~1834는 다음과 같이 말했습니다.

"필요한 것은 자본가가 아니라 지주다. 자본가는 소비하지 않고 오로지 투자만 한다. 그러나 지주는 소비한다."

오늘날의 자본가는 봉건시대로 말하면 지주인 셈입니다. 그 사회가 유지되고 발전하는 데 있어서 가장 핵심적인 역할을 담당해야 하는 세력입니다. 자본주의는 기본적으로 활발한 생산과 적극적인 소비로 지탱되는 시스템입니다. 그러므로 압도적으로 많은 부를 거머쥔 자본가가 적극적으로 소비하지 않는다면 원활히 유지되기 어렵습니다. 자본가의 투자와 절약만으로는 부족합니다. 말하자면, '주인 나리의 지독한 절약과 저축보다는 적절한 허영심과 고품격 탕진'이 오히려 바람직하며 경제와 사회발전에도 도움이 됩니다.

이동이 자유로운 자본, 돈

자본의 움직임에는 국경이 없습니다. 자본은 새처럼 어디든 자유롭게 날아갑니다. 그 무엇도 자본의 움직임을 막을 수 없습니다. 마치 유령 같다고나 할까요? 특히 돈의 움직임은 우리의 눈에 잘 감지되지 않습니다. 엔화를 달러로 바꾸는 일에 아무런 제약이 없습니다. 도쿄의 어느 은행계좌에 있던 예금을 간단한 전자결제를 거쳐 순식간에 파리의 다른 은행계좌로 이동할 수도 있습니다. 액수가 커지면 국가가 눈을 번뜩이겠지만 얼마든지 감시의 눈을 피할 수 있습니다. 더구나 적은 금액인 경우는 거의 문제가 되지 않습니다. 그러나 돈이 아닌 기계나 건물 같은 고정자본을 해외로 이동시키려 한다고 가정해봅시다. 애초 불가능하거나 매우 어려울 것입니다.

그렇다면 왜 모든 자본 중에서 돈만 이동이 자유로울까요? 첫째, 돈은 '이름'을 갖고 있지 않기 때문입니다. 둘째, 돈은 다른 자본처럼 실질적인 모습을 갖고 있지 않기 때문입니다(이렇게 말하면, 우리가 사용하는 돈 역시 보고 만질 수 있다고 반박하고 싶을 수도 있습니다. 그러나 돈은 기계나 건물 같은 고정자본처럼 그 자체가 기계로서, 혹은 건물로서의 정체성과 본질을 갖는 것이 아니라 어떤 상징성과 가치를 부여받은 대체물이라는 점에서 근본적으로 다릅니다). 어떤 돈에도 누구의 것이라고 쓰여 있지 않습니다. 그러므로 특정 순간에 특정 돈을 가진 사람이 그것을 사용해 원하는 것과 교환할 수 있는 성질을 지닐 뿐 궁극적으로 누군가에 의해 소유되는 물건이 아닙니다. 이런 맥락에서 돈에 의해 작동되는 경제는 애초부터 세계화Globalization의 가능성을 지니고 있었습니다.

오늘날의 우리 사회를 봅시다. 어느 나라든지 토지를 매매하고 양도하는 일에 대해서는 눈을 부릅뜨고 감시하겠지만, 자본의 이동에 대해서는 상대적으로 관대한 편입니다. 따라서 사람들은 이동성이 없는 토지를 자본, 즉 증권이나 돈으로 바꾸어 자신이 원하는 곳으로 이동시키려 합니다.

일반 서민은 물론 국가조차 알지 못하는 곳에서 자본은 점점 덩치를 키우고 살을 찌웁니다. 이런 자본의 자유로운 속성에 대항하고 효과적으로 관리하기 위해 국가는 출자법이나 외국환, 외국 무역법 같은 규제 및 제도적 장치를 마련합니다. 그러나 어떤 수단을 동원해도 자본을 온전히 통제하기는 어렵습니다. 본질에서 자본은 자유로우며 무엇에도 구속되지 않으려는 속성을 지니고 있기 때문입니다. 이런 국가와 자본가의 '다람쥐 쳇바퀴 돌기' 싸움은 영원히 계속됩니다.

최근에 전 세계적인 이슈로 떠올랐던 조세회피처 문제를 잠깐 생각해봅시다. 이 문제에 어떻게 대처해야 할까요? 어느 한두 나라의 노력만으로는 어림도 없고 여러 나라가 힘을 합해 압력을 가하고 적극적으로 대처해야 할 것입니다. 그러나 그렇게 한다 하더라도 이 문제를 근본적으로 바로잡기는 사실상 불가능합니다. 왜냐하면, 대다수 나라의 정치가들이 바로 그 '돈'에 묶여서 자본가들에게 조종당하기 때문입니다.

최초의 자본가는 남의 물건을 빼앗는 도둑이었다?

'돈으로 바꾸면 어떤 자본이든 자유롭게 움직일 수 있고 경제 활동에도 제약이 적어집니다. 세상에 믿을 것은 오직 돈뿐이다.' 자본주의의 기본 원리라고 할 수 있는 이런 개념은 돈이 만들어지고 유통하기 시작한 그 시점부터 형성되었습니다. 따라서 자본주의 사회에서 사람들은 자신이 원하는 삶을 살기 위해 할 수 있는 한 많은 돈을 모으려고 합니다. 바로 이 지점에서 마르크스가 주창한 '본원적 축적'이라는 문제가 등장합니다.

자본 축적은 자본주의가 발흥하기 한참 전인 15세기 후반의 대항해 시대부터 시작되었습니다. 영국, 프랑스, 네덜란드, 스페인, 포르투갈 등의 유럽 국가들이 아시아, 아프리카, 아메리카에까지 진출하여 수단과 방법을 가리지 않고 악착같이 돈을 그러모았습니다. 또한, 다른 대륙이나 나라에 있던 귀금속부터 향신료, 농산물, 섬유 따위를 헐값에 사들여 그것을 유럽에 가져옴으로써 부를 축적했습니다. 이때 현물만이 아니라 생산과정에 필요한 현지의 노동력도 동시에 착취했습니다.

아무튼, 이런 과정에서 모인 돈은 수백 년간 금과 은의 형태로 유럽에 축적되어 있던 재화와 하나가 되어 거대한 자본이 되었습니다. 그리고 그것을 유럽 대륙 안에서 서로 처절하게 싸우며 빼앗기고 빼앗았습니다. 그럼으로써 소자본가의 자본은 막강한 힘을 가진 대자본가에게 빨려 들어가고 신흥국가가 패권국가를 대신했습니다.

『자본론』에는 "온갖 고생을 무릅쓰며 애쓰고 노력한 인간이 자본주의를 만들었다는 주장은 그야말로 새빨간 거짓말에 지나지 않는다"라고 쓰여 있습니다. 일테면 이런 취지의 이야기입니다.

"옛날에 부지런한 사람과 게으른 사람이 살았다. 부지런한 사람의 자식은 부지런했고, 그의 손자 역시 부지런했다. 그렇게 자손 대대로 몇백 년간 열심히 살다 보니 부지런한 사람은 부를 축적했고, 게으른 사람은 그렇지 못했다."

'그러니 매사에 부지런하고 성실하라. 그러면 누구든지 부자가 될 수 있다'는 교훈을 담은 이야기입니다.

마르크스는 이런 식의 이야기는 자본주의의 추악한 본성을 가리고 아름답게 포장하는 거짓말과 위선에 지나지 않는다고 꼬집습니다. "그의 돈도 사실은 누군가에게 빼앗은 것에 지나지 않는다. 그가 부지런해서 많은 재산을 축적한 것이 아니다. 아니, 오히려 그 반대다"라고 비판합니다. 바꿔 말하면, 최초의 자본가는 남의 물건을 빼앗는 도

둑 그 이상도 이하도 아니었을지 모릅니다.

자유를 미끼로 인간을 상품화하는 시대

자본은 특정한 곳에 존재하는 것만으로 저절로 증식하지는 않습니다. 그것은 마치 이자가 없는 예금과도 같습니다. 자본을 증식시키기 위해 '노동력'이라는 또 하나의 요소가 절실히 필요했습니다. 자본가들은 더 많은 자본과 부를 축적하기 위해 노동력을 확보해야만 했습니다. 그들은 농민이나 어민, 혹은 목축민을 공업노동자로 양성하는 방법을 택했습니다. 이때 자본가들의 노회한 책략에 의해 노동자가 된 농민들은 그 자신이 상품이 되어버렸습니다. 이것이 바로 '노동력 상품'입니다.

자본가들은 농민을 그들이 삶의 터전으로 삼고 있던 토지에서 내쫓은 다음 공장이 있는 도시로 끌어들이기 위해 어떻게 했을까요? 마르크스에 따르면, 그 목표를 달성하기 위해 '두 가지 자유'가 반복적으로 강조되었다고 합니다. 하나는 '토지에서의 자유생활수단의 상실'이고, 또 하나는 '도시라는 자유 공간에서 생활할 수 있는 자유오랜 인간관계의 파괴'입니다. '도시생활이 얼마나 근사한가?', '도시에서 누리는 자유가 얼마나 달콤하고 멋진가?', '이 자유를 얻어야 진정으로 인간다운 삶이다'라는 식으로 끝없이 선전하고 세뇌했습니다.

이런 과정을 통해 오랫동안 봉건적 세계에서 살아온 농민들이 꼬리에 꼬리를 물고 도시로 모여들었습니다. 노동력 상품의 토대는 농촌 파괴와 개인의 자유라는 허상 속에서 만들어졌습니다. 그런데 노동자가 목돈을 만들어 시골로 돌아가면 모든 노력이 허사가 됩니다. 다른 생산수단이 없는 계층을 항상 준비하고 대기시켜놓지 않으면 생산 확대는 불가능할 뿐만 아니라 노동력의 상품가치도 감당할 수 없는 정도까지 올라버립니다. 그러므로 자본가들의 처지에서는 도시의 공장에서 일하고 싶어 하는 예비노동자로 넘쳐나도록 여건을 조성하지 않으면 안 되었습니다. 그들은 농민을 토지에서 완전히 분리해 일이 없을 때조차 하릴없이 도시에 머무르며 대기하도록 만들어야 했습니다.

이 목표를 달성하기 위해 자본가들은 온갖 수단과 방법을 궁리하고 실행에 옮겼습니다. 이를 위한 가장 중요한 키워드가 '개인으로서의 자유', 즉 '개인주의'라는 화두였습니다. 그런 환상과 갈망이 점점 더 커져야만 비로소 자본주의 시스템이 정착되고 본격적으로 작동할 수 있었기 때문입니다.

이제 충분히 축적된 자본은 농민이 토지를 버리고(좀 더 정확히 말하자면, 빼앗기고) 노동자로 변신함으로써 창출해내는 노동력이라는 매력적인 상품과 결합함으로써 본격적인 자본주의를 만들어냈습니다.

자본과 노동력의 결합은 자본주의라는 자동차가 아무런 장애물이 없는 탄탄대로 위를 거침없이 달리기 시작한 중대한 사건이었던 셈입니다.

작은 국가를 이상적인 모델로 생각한 마르크스

자본주의의 확대는 처음에는 뜻밖에 빠르게 진행되지 않았습니다. 영국, 프랑스 같은 자본주의의 선두주자들, 그리고 그 나라의 자본가들은 밖으로 본격 진출하기에 앞서 국내시장을 확실히 장악해야만 했습니다. 그런 흐름에서 20세기 전반기까지는 주로 국내에서의 자본 축적에 초점이 모였습니다.

자본주의적인 관점으로 판단할 때 자본을 적정 규모로 축적할 수 있는 단위, 그것이 바로 근대국가입니다. 예컨대, 영국과 프랑스는 한 국가가 자본을 축적하고 본격적인 자본주의 시스템을 구축하고 가동하는 데 있어서 가장 적절한 크기와 규모를 갖고 있습니다. 19세기 말에서 20세기 초반 무렵을 기준으로 이 두 나라는 인구가 대략 3,000만~5,000만 명 정도(2014년 기준, 영국 인구는 약 6,400만, 프랑스 인구는 약 6,600만 명이다-옮긴이)였습니다. 면적은 대략 30만~60만 제곱킬로미터 정도입니다(참고로, 현재 영국의 면적은 약 24만 제곱킬로미터인데, 1921

년 아일랜드가 독립하기 전에는 아일랜드 면적 7만 제곱킬로미터를 합해 약 31만 제곱킬로미터였다. 프랑스는 64만 제곱킬로미터 정도다-옮긴이). 이탈리아나 독일도 대략 그 정도 넓이였습니다(이탈리아의 면적은 약 30만 제곱킬로미터, 독일은 36만 킬로미터 정도다-옮긴이). 일본 역시 얼추 이 범주 안에 들어갑니다(일본의 면적은 약 38만 제곱킬로미터다-옮긴이). 반면 네덜란드(약 4만 1,000제곱킬로미터-옮긴이)와 포르투갈(약 9만 2,000제곱킬로미터-옮긴이)처럼 면적 면에서 이 기준에 들지 못하는 나라는 자본주의로 나아가기 위한 충분한 자본을 축적하기 어렵습니다.

아무튼, 대략 이 정도 규모면 모든 분야의 산업을 한 나라 안에서 어느 정도 독자적으로 펼쳐나갈 수 있습니다. 국내에서 제철업 같은 대규모 산업을 육성할 수 있고 철도 등의 교통망도 구축할 수 있습니다. 이 과정에서 전 시대에 축적된 자본은 새로운 자본에 집약됩니다. 자본이 국내에서 회전하며 축적됩니다. 이것이 바로 한 나라가 제국주의로 성장해가는 과정입니다. 이 준비 단계를 거쳐 본격적인 세계화가 진행됩니다.

자본주의의 세계화는 자본이 국가 권력이나 군사적 권력과 전혀 다른 차원에서 자유롭게 이동한다는 점에 본래의 특질이 있습니다. 따라서 국가에 의한 침략이나 군대에 편승해 외국에 진출한 것을 다국적기업이라고 하지는 않습니다. 그것은 어디까지나 제국주의적인 범주에 속합니다. 물론 제국주의 시대의 해외 진출을 토대로 해서 그

후에도 다국적기업으로 살아남은 예가 전혀 없는 것은 아닙니다.

네덜란드의 인구는 1,700만 명 정도, 일본의 인구가 대략 1억 2,700만 명 정도니까 약 7.5분의 1입니다. 이 정도 규모의 나라에 맞는 산업이 있는데 화초, 낙농 같은 농업입니다. 실제로 네덜란드는 꽃과 낙농의 나라입니다. 그러나 밀농사는 거의 짓지 않습니다. '프렌드십friendship'이라는 이름의 소형 비행기는 제작하지만 자동차는 생산하지 않습니다. 네덜란드처럼 작은 나라는 산업을 극도로 특화시키지 않으면 살아남기 어렵습니다.

마르크스가 생각한 이상적인 국가상은 기본적으로 작은 국가입니다. 거대한 근대국가가 만들어지면 자본이 고도로 집적될 수밖에 없기 때문입니다. 그리고 그렇게 되면 자본을 통제하고 관리하는 막강한 힘을 가진 권력집단이 생겨나고 법률 등의 형태로 제도적 장치가 마련되어 뒷받침합니다. 이런 통찰 끝에 마르크스는 거대한 근대국가의 출현을 막으려면 작은 코뮌을 만들어 설령 자본이 축적되어도 제국주의로 나아가지 못하도록 하는 수밖에 없다고 생각했습니다. 이것을 '어소시에이션association, 연합'이라고 부릅니다.

왜 하필 유럽 대륙이라는 한정된 지역에서만 자본이 고도로 집적되고 자본주의가 발달했을까요? 이 문제에 대해 국가 규모의 관점에서 한번 생각해봅시다. 내 생각에는 상대적으로 작은 나라가 여럿으로 나뉘어 서로 치열하게 경쟁했기 때문입니다. 그런 국가들 가운데 근대적인 공업국으로 성장할 수 있는 규모와 잠재력을 가진 국가가 있었습니다. 이 크고 작음의 균형이 그야말로 절묘했습니다. 경쟁이 없는 곳에서 자본주의적 성장을 기대하기는 어렵습니다. 그로 인해 때로는 전쟁이 일어나기도 하지만 성장과 발전을 이루는 토대가 되기도 했습니다.

그런데 자본주의적 세계시장의 규모가 점점 더 커져감에 따라 유럽대륙 안에서 대국으로 군림하던 나라들도 상대적으로 '작은' 나라가 되고 맙니다. 거대 대륙 공동체 성격을 띠는 EU가 만들어진 배경에는 이런 문제의식이 있었습니다. 어쨌든 이런 과정 속에서 국제정치를 움직이는 나라가 가려집니다.

20세기 초반 영국, 프랑스, 독일, 미국, 일본 등이 막강한 군사력을 바탕으로 세계의 여러 지역에 여전히 직·간접적인 영향력을 행사하고 있었습니다(사실 21세기 현재까지도 그런 나라들에 의한 제국주의적 지배, 혹은 군사적 지배는 끝나지 않았습니다). 그런 맥락에서 한 나라가 막강한 영향을 미치는 지역이나 나라에 다른 나라가 진출할 수 없었습니다. 예컨대 당시 영국이 지배하는 지역에 일본의 자본이 쉽게 들어갈 수 없었습니다. 그렇게 하려면 그곳에 주둔하는 영국 군대를 일본 군대가 몰아내지 않으면 안 되었습니다. 그런데도 태평양 전쟁을 치를 무렵의 일본은 그런 무모한 시도를 서슴없이 감행했습니다. 결국, 일본의 헛된 야망은 훨씬 강력한 미국의 군사력에 의해 좌절되고 맙니다.

전 세계가 미국의 손아귀에

제2차 세계대전 후 세계는 승전국과 패전국으로 나뉘었습니다. 일본과 독일은 30만 제곱킬로미터가 넘는 전 국토가 완전히 초토화된 상태에서 다시 시작해야 하는 절체절명의 상황을 맞았습니다. 그렇다고 해서 전쟁에서 이긴 나라들의 모든 자본이 '이제부터 본격적인 세계화로 자본을 증식시켜 나가자' 하는 식으로 적극적으로 달려든 것은 아니었습니다. 전 세계는 동서로 나뉘었고, 승전국임에도 영국과 프랑스 경제는 패전국인 독일과 일본 못지않게 피폐해졌기 때문입니다.

결과적으로 전 세계를 제패한 것은 전후의 패권을 차지한 미국 자본이었습니다. 제2차 세계대전의 참화 속에서도 본토에 거의 피해를 보지 않았고 군사력도 온전히 보전할 수 있었던 미국은 그야말로 승자 중의 승자였습니다. 당연히 국제무대에서 미국의 발언권이 커질 수밖에 없었습니다. 이런 상황에서 세계 경제가 미국의 손아귀에 들어가는 것은 당연한 귀결이었습니다. 국제조직의 본부 중 몇 곳이 유럽에서 미국으로 옮겨갔습니다. 미국의 화폐인 달러가 세계 기축통화가 되었습니다.

이런 맥락에서 볼 때 지금까지 우리가 보았던 세계화는 순수한 의미에서의 자본주의적 세계화라고 하기보다는 '미국형 세계화'라고 말하는 것이 좀 더 정확할 것입니다. 또한 미국의 국력과 군사력을 바탕으로 성장했으므로 말하자면 '제국주의형 세계화'라고 할 수 있습니다.

비교적 최근까지만 해도 제2차 세계대전 이후의 이러한 상황이 지속하였습니다. 미국형 세계화는 지속적인 확장 일로에 있었습니다. 그런데 2008년 리먼 브러더스Lehman Brothers 사태로 그러한 흐름에 커다란 변화가 일어났습니다. 아시아, 아프리카, 남아메리카 대륙 구석구석까지 자본주의가 손을 뻗치기 전에 전환기가 다가온 것입니다. 또한, 본래의 자본주의의 테두리 밖에 있던 러시아와 중국이라는 큰 나라가 독자적으로 움직이기 시작했습니다. 자본주의 선두주자들의 통일된 행보에도 엇박자가 생겼습니다.

이런 맥락에서 어떻게든 미국형 세계화라는 허구의 세계를 사수하기 위한 패권국가 미국의 치열한 노력과 저항이 시작되었습니다. 여기에 정면으로 맞서고 충돌하는 나라가 등장했고, 겉으로는 동조하는 것처럼 보이지만 실제로는 새로운 길을 모색하는 나라가 나타났습니다. 경제, 정치, 외교, 군사 등 모든 분야에서 미국의 힘과 영향력이 쇠퇴하고 있는 지금이야말로 각 나라가 독자적인 외교력을 발휘될 때입니다.

2008년 이후의 세계는 확실한 과도기를 겪고 있습니다. 다시 '미국형'으로 돌아가게 될지, 여러 나라의 대립으로 세계화에 제동이 걸리게 될지, 아니면 지금까지와는 전혀 다른 방식으로 본격적인 세계화의 세계에 돌입하게 될지 그 누구도 단언할 수 없는 상황입니다. 요즘 돌아가는 국제 정세를 관찰하고 있으면 그야말로 눈을 뗄 수 없을 정도입니다.

정치를 노동으로 보지 않는 이유

자본주의가 제대로 자리 잡고 지속해서 성장하기 위해서는 자본 이외에도 노동력을 가진 사람, 즉 노동자가 필요합니다. 여기서 노동자란 어떤 사람인지 간략히 정리하고 넘어갑시다. 노동자에 대해 정의하자면 '노동이란 무엇인가?' 하는 문제에 대해 먼저 명확히 답해야 합니다.

노동과 비슷한 말로 '활동活動'이 있습니다. 활동과 노동은 전혀 다른 개념일까요? 그렇지 않습니다. 본래 활동과 노동은 같은 말이었습니다. 자연계는 이 두 단어를 구분하지 않습니다. 마르크스는 이것을 자연사적 과정에 놓인 문제로 인식하고 설명합니다. 그에 따르면, 보편적인 노동 과정은 활동 과정입니다. 즉, 생명을 유지하기 위해 꼭 필요한 행위입니다. 그리고 인류의 보편적인 역사 속에서 영원한 것으로 자리매김합니다.

자본주의 사회에서 노동은 활동과 다른 것으로 인식됩니다. 다시 말해 자본주의에서의 노동은 본래의 의미를 인정받지 못하고 매우 좁은 의미의 어휘로 사용됩니다. 한 가지 목적에만 한정된 활동, 즉 자본의 가치를 증식하는 활동만을 노동으로 보는 것입니다. 가령 "저 산에는 양질의 목재로 쓸 나무가 많다"라고 말할 때 그 자체만으로는 단순한 산에 지나지 않습니다. 나무를 잘라 목재로 가공해 산기슭의 공장으로 옮겨 가구로 만들고 그것을 상품화하는 다양한 형태의 노동이 뒷받침되어야만 비로소 가치가 창출됩니다. 이때 새로 만들어진 가치가 바로 '잉여가치'입니다.

그러므로 자본주의적인 가치를 증식하지 않는 활동은 노동이 아닙니다. '공장에서 기계 부품이 고장 나서 수리한다.' 이것은 노동입니다. '출출하니까 밖에 나가서 도시락이라도 사와라.' 이것은 노동이 아닙니다. '아이가 할머니 어깨를 주물러드리고 용돈을 법니다.' 이것도 노동이라고는 할 수 없습니다. 그러나 다른 사람을 상대로 어깨를 주물러주고 돈을 받는 방식으로 장사한다면 이것은 노동입니다. 간단히 요약하자면 자본의 가치를 증식하면 노동, 그렇지 않으면 노동이 아닙니다.

이런 식으로도 해석할 수 있습니다. 활동의 '동動'에는 사람인 변亻이 붙지 않는데, 노동의 '동働'에는 사람인 변이 붙습니다. 노동은 인간만이 할 수 있는 특수한 활동입니다. 원숭이나 물개, 코끼리 같은 서커스를 하는 동물은 인간의 이익을 위해 (노동하는 것이 아니라) 활동합니다. 서커스단의 동물은 군중 앞에서 재주를 부리는 대가로 간식을 얻어먹는데, 이것을 임금으로 볼 수는 없습니다. 그것은 인간이 동물의 서커스에서 얻은 이익일 뿐입니다.

노동이란 노동을 제공하는 측이 아니라 노동을 시키는 측에 의해 만들어지는 행위입니다. 수많은 동물 가운데 왜 인간만이 특수한 활동을 하게(혹은 시키게) 되었을까요? 이 의문에 대한 해답을 찾아야 합니다.

또 하나는 독립 자영농과 자영업자들은 왜 노동자라고 하지 않을까 하는 문제입니다. 지난 프랑스 대통령선거에서 이런 일이 있었습니다. 노동조합이 모여 현 대통령인 사회당의 프랑수아 올랑드Francois Hollande, 1954~를 지지하려고 할 때 신자유주의자이기도 한 니콜라 사르코지Nicolas Sarkozy, 1955~ 전 대통령이 '나도 끼워달라. 나도 대통령이라는 노동자가 아니냐'라는 식의 말을 했습니다. 물론 사르코지는 빈정거리는 투로 던진 말이었겠지만 노동조합은 정색하고 "당신은 노동자가 아니다"라며 그 자리에서 단호히 거절했습니다.

정치가는 물론 노동자가 아닙니다. '정치활동'이라고 하지 '정치노동'이라고는 하지 않지 않습니까? 똑같이 뭔가 활동을 하고 각자 보수를 받습니다. 그런데 한쪽의 활동은 활동이라고 하고 다른 한쪽의 활동은 노동이라고 합니다. 이 차이는 어디서 오는 걸까요?

자본가가 노동자에게 제공하는 임금의 비밀

독립 자영농과 자영업자의 예로 돌아가 봅시다. 자영업이란 생선가게 주인이나 편의점 주인처럼 자기 자신이 직접 경영하는 사업을 말합니다. 식당을 운영하는 부부도 자영업자입니다. 식당 주인 부부는 동시에 두 가지 정체성을 가집니다. 한편으로 그들은 노동자이면서 다른 한편으로는 경영자입니다. 그들이 일해서 버는 돈도 노동자가 받는 임금과는 근본적으로 성격이 다릅니다. 즉, 자영업자가 버는 돈은 이익의 분배금입니다. 그러나 어쩌면 식당 주인은 자기 자신도 종업원과 마찬가지로 급여제로 받는다고 반박하고 싶을 수도 있습니다.

경영자 중에는 다른 사람의 노동력을 착취하여 이익을 독점하는 나쁜 사람이 많습니다. 반면에 자신의 몫을 챙기기 전에 종업원부터 배려하는 좋은 사람도 더러 있습니다. 그러나 그런 사정의 차이가 있다는 점을 고려하더라도 어쨌든 형식적으로 그들이 받는 것을 임금이라고 할 수는 없습니다.

한편 노동자는 자신이 제공한 노동력에 대한 대가로 임금을 받습니다. 노동자의 임금은 절대로 이익의 분배금이 아닙니다. 이런 형식상의 차이는 결코 사소한 문제가 아닙니다. 독립 자영농 역시 마찬가지입니다. 그들의 정체성은 농업노동자와의 관계성으로 설명할 수 있습니다. 독립 자영농이 많은 일본에서 농업노동자를 찾기는 뜻밖에도 쉽지 않습니다. 가령 수확 철에만 일당을 받고 일하는 주부나 학생이 여기에 해당합니다. 중국에서 온 농업 작업생도 이 범주에 포함할 수 있을 것입니다.

미국에는 자본금이 몇조 원에 달하는 거대 농업기업이 존재합니다. 이런 기업은 멕시코 등의 중남미에서 온 사람들을 고용해 일을 시킵니다. 중남미 출신 농업노동자를 고용해 이익률을 높이는 사람을 노동자라고 하지는 않습니다.

자본주의 사회의 노동자는 이익을 분배받는 것이 아니라 경영에 필요한 비용으로 임금을 받는 사람입니다. 그는 자본가가 만들어놓은 생산 현장에 투입되어 일함으로써 자신의 노동력을 상품으로 제공하고 그 대가로 임금을 받는 존재입니다. 공장노동자는 기계나 재료가 조달되지 않으면 제품을 생산할 수 없습니다. 그는 생산수단을 갖고 있지 않으므로, 즉 '무산無産' 계급이므로 자신의 육체로 노동을 제공하고 그것을 임금으로 바꿔야만 생존할 수 있는 존재입니다. 이것이 바로 '프롤레타리아prolétariat'입니다. 회사나 상사가 '회사 밖으로 한 발자국만 나가도 너 혼자서는 아무것도 할 수 없으니까 입 다물고 묵묵히 일이나 해라' 하고 종용하는 것은 결국 '당신은 당신의 몸뚱어리 외에는 아무것도 가진 게 없는 프롤레타리아다'라고 말하는 것이나 다름없습니다.

화이트칼라는 경제적으로 풍요로울까

오늘날 일본 사회에서는 노동자의 이미지가 머릿속에 잘 그려지지 않습니다. 선진자본주의 국가에서는 노동자 하면 냉난방 시설이 잘 갖춰진 사무실에서 편안하게 사무 업무에 종사하는 노동자가 자연스럽게 떠오릅니다. 그리고 그가 농민이나 식당을 경영하는 자영업자 부부보다 한결 나은 삶을 살고 있을 것으로 생각하기 쉽습니다. 이런 사무직 노동자, 즉 샐러리맨을 '화이트칼라' 계층이라 하여 종래의 공장노동자인 '블루칼라'에 속하는 사람과 구분 지어 생각하게 되었습니다.

노동자를 '두뇌 노동자'와 '육체노동자'로 나누는 사람도 있습니다. 두뇌노동을 복잡노동, 육체노동을 단순노동이라 부르기도 합니다. 단순노동보다 복잡노동이 훨씬 높은 생산성을 창출해냄으로써 자본주의 사회는 놀라운 성장을 이룩했습니다.

선진자본주의 국가에서는 화이트칼라의 비율이 지속해서 높아져 왔습니다. 100명 이하의 소규모 공장이 수천 명의 대규모 공장으로 성장하는 과정에서 좀 더 전문성을 가진 경리부와 인사부 등의 관리부문이 필요해졌습니다. 또한, 상품 공급이 증가하고 과잉되면서 그것을 어떻게 팔 것인가 하는 고민 결과 기획부문과 영업부문의 비중이 커졌습니다.

일본의 경우 1960년대 이후 이런 경향이 더욱 두드러졌습니다. 공장의 효율성이 높아짐에 따라 그 숫자가 줄고, 동시에 아시아의 여러 나라로 이전했습니다. 당연히 일본 국내 공장노동자의 비율이 줄어들었습니다. 거기에 화이트칼라의 존재만 눈에 띄고 그들이 일본 노동자의 주역으로 자리 잡아갔습니다.

일반적으로 이런 새로운 노동자를 '중산계급'이라고 부릅니다. 중산계급이란 말 그대로 중류층입니다. '무산'이 아니라는 의미입니다. 단, 중산계급이기는 하나 일반 중산계급과는 조금 차이가 나는 하급 중산계급입니다. 예전에는 이런 사람을 '소시민' 혹은 '프티 부르주아'라고 불렀습니다. 이들은 상대적으로 좋은 교육을 받고 생산현장에서도 두뇌노동이라는 명목으로 다른 노동자들에 비해 높은 지위를 차지합니다.

이쯤 되면 다음과 같은 의문이 자연스럽게 제기됩니다. '이 새로운 노동자들은 과연 경제적으로 풍요로울까요?' 임금이 오르고 도시에 집을 장만하거나 교외에 단독주택을 마련합니다. 이따금 고급스러운 레스토랑을 찾아가 외식도 하고 취미생활도 즐깁니다. 자녀교육 등 나름의 문화생활도 누립니다. '그렇다면 노동자 문제 같은 건 더는 얘기할 필요도 없지 않나? 그러니 마르크스에게도 더는 볼일이 없다.' 이렇게 말하고 싶을 수도 있습니다. 그러나 문제는 그렇게 간단하지 않습니다.

그 전에 프랑스의 경제학자 토마 피케티Thomas Piketty, 1971~가 세계적 베스트셀러가 된 자신의 저서 『21세기 자본Le Capital au XXIe siècle』에 지난 200여 년간의 소득분배율에 대해 통계를 내놓은 것이 있는데, 그 내용을 잠시 살펴봅시다.

소득분배율이란 노동자가 자신의 노동으로 얻은 자본의 증식분, 즉 '잉여가치'와 비교할 때 노동자의 임금이 어느 정도를 차지하는지 분석한 수치입니다. 이것을 보면 노동자의 삶이 과연 실제로 풍요로워졌는지 그렇지 않은지 알 수 있습니다. 이 작업은 최신 컴퓨터를 이용한 통계기술에 의해 이루어졌습니다.

마르크스의 『자본론』은 정식 통계를 사용하지 않았습니다. 당시에는 통계학이 발달하지 않았기 때문입니다. 자본주의가 가장 먼저 발달한 영국 같은 선진자본주의 국가조차 19세기 후반에 이르러서야 통계를 사용하기 시작했고, 후발자본주의 국가의 경우 최근에 이르러서야 통계라는 것을 활용했습니다. 그런 터라 마르크스 시대의 이론에는 확실한 통계적 증거는 거의 포함되어 있지 않습니다. 기본적으로 추상적인 이론인 셈입니다.

통계를 경제학 이론에 활용하면서 이전에는 알지 못했던 흥미로운 사실을 새롭게 알게 되었습니다. 마르크스가 『자본론』을 구상하고 집필하던 1850년대에는 노동자에 대한 소득분배가 매우 적었습니다. 그야말로 노골적으로 착취당했던 것입니다. 그러던 것이 20세기로 넘어오면서 노동자에 대한 소득분배 비율이 점점 올라갔습니다. 더구나 간혹 자본가의 이익보다 전체 노동자의 임금 파이가 상대적으로 커지는 현상이 일어나기도 했습니다. 아쉽게도 이 현상에 대해 피케티는 특별한 언급을 하지는 않았습니다. 그러나 사실 이것은 자본주의를 이해하는 데 있어 매우 중요한 징후이자 실마리입니다. 아무튼, 1990년대 이후에는 상황이 급변하여 노동자의 몫은 다시 감소했습니다.

점점 줄어드는 이익환원율

상품을 많이 만들어서 많이 팔면 자본도 늘어납니다. 어느 나라나 마찬가지입니다. 자본에 이익이 더해지고, 다시 거기에 새로운 이익이 더해집니다. 비유하자면, 상속세 없이 유산상속이 자연스럽게 이루어지는 셈입니다.

일본 내 총자산은 대략 3경 원 정도입니다. 여기에는 대학에서 학생들이 사용하는 건물, 부지, 책상, 의자, 전등, 그리고 그것을 밝히는 전기까지 모두 포함됩니다. 자본이란 돈으로 바꿔서 다른 상품을 사거나 다른 곳에 투자할 수 있는 모든 것을 의미합니다. 위에서 예시한 것들 역시 그렇게 할 수 있으므로 당연히 자본의 범주에 들어갑니다.

일본의 연간 국내총생산GDP은 약 5,000조 원에 이릅니다. 즉, 국내총생산의 약 6년 치의 자본이 축적된 셈입니다. 참고로, 미국의 연간 국내총생산은 2경 400조 원이 조금 넘습니다. 여기에 단순히 여섯 배를 하면 얼마가 나올까요? 자릿수 자체가 다른 엄청난 양의 자본을 보유하고 있다는 얘기가 됩니다. 이런 막대한 자산을 자본으로 삼아 투자하면 어마어마한 이윤을 낳고 자본은 더욱 증대될 것입니다. 전 세계는 이런 자본으로 넘쳐납니다.

이 꼭지에서는 자본을 투자하면 이윤을 낳는다는 내용을 전제로 논지를 전개하고자 합니다. 이 전제가 영원한 법칙이라면 세계의 자본은 제한 없이 증가할 것입니다. 그런데 문제는 상황이 그렇게 돌아가지는 않는다는 데 있습니다.

요즘 만나는 출판사마다 예전처럼 책이 잘 팔리지 않는다고 볼멘소리입니다. 왜 사람들은 책을 사지 않을까요? 이유는 간단합니다. 책을 읽지 않기 때문입니다. 그렇다면 왜 사람들은 책을 읽지 않을까요? 단순히 경제적, 혹은 시간적 여유가 없어서일까요? 아니면 책 읽는 습관이 아예 사라져버린 걸까요? 스티브 잡스가 혁신제품을 내놓으면서 전 세계를 휩쓸고 있는 스마트폰에 밀려버린 탓일까요? 그런 이유도 있지만, 더 중요한 이유는 책이 제한 없이 늘어나기 때문입니다. 일본의 경우 연간 7만 권 이상의 신간이 출시됩니다. 이와 거의 같은 수의 책이 그 전해에도 출간되었습니다. 그 전해에도, 또 그 전해에도……. 이렇게 해서 일본에는 모두 몇 권의 책이 축적돼 있을까요? 아마 헤아리기조차 어려울 만큼 많은 책이 다양한 곳에 다양한 형태로 존재할 것입니다. 예컨대 마르크스의 『자본론』을 신간으로 사는 사람도 있지만, 중고로 저렴하게 사는 사람도 있습니다. 10년, 혹은 20년 전에 출판된 책을 읽어도 됩니다. 현대적인 감각 면에서 조금 떨어진다는 단점만 빼면 실제 내용에는 거의 차이가 없습니다. 워낙 많은 책이 나와 있으므로 취향에 따라 선택하는 것도 얼마든지 가능합니다.

자본도 마찬가지입니다. 더구나 자본은 책처럼 끝내 팔리지 않은 것이나 찢어져 읽을 수 없게 된 것을 버리거나 폐기처분할 필요도 없습니다. 그러므로 자본은 점점 증식합니다. 책의 종수가 늘어나면 권당 매출액이 감소하듯이 자본 역시 분모의 수가 증가하면 이익률이 떨어집니다. 같은 양의 자본에서 얻을 수 있는 이익환원율도 꾸준히 낮아집니다.

이익환원율이 높았던 시대에는 무슨 일을 하든 어렵지 않게 이익을 얻을 수 있었습니다. 그러나 우리가 살고 있는 21세기는 그런 시대가 아닙니다. 여기서 자본 간의 경쟁이 일어납니다. 노동자에게 더욱 소비를 시켜야 하고 우수한 노동자를 확보해야 하므로 임금은 상대적으로 올라갑니다.

자본을 투입해 환원되는 이익이 4%라고 가정해봅시다. 이 경우 일본의 총자산 3경 원을 전부 투자하면 1,200조 원의 잉여가치가 발생합니다. 연간 국내총생산은 5,000조 원입니다. 총소득은 이보다 조금 낮은 액수, 대략 4,000조 원으로 봅니다. 이 4,000조 원에서 잉여가치 1,200조 원을 뺀 나머지 2,800조 원, 이것이 노동자에게 지급되는 총임금입니다. 거칠게 잡은 수치지만 어쨌든 이때의 총임금은 총 잉여가치의 두 배가 넘습니다. 자본가 측면에서 보면 '과지급'된 임금인 셈입니다.

무리수를 두는 자본가들

최근 20년간 세계의 총자산은 증가했지만, 거기에 비례하여 이익도 증가했다고 볼 수는 없습니다. 세계시장이 완전한 이익의 포화상태에 놓여 있기 때문입니다. 거기에 더해 환원율도 줄어듭니다. 그런데도 자본가가 차지하는 몫은 꾸준히 늘어납니다. 본래 2~3% 정도밖에 가질 수 없는 상태였다면 이젠 4%를 가져갑니다.

자본가는 자신의 이익을 유지하기 위해 무리수를 둡니다. 그 구체적인 증거로 일반 노동자의 임금은 늘지 않는 데 반해 다국적기업 경영자의 보수는 매년 가파르게 상승합니다. 미국에서는 자동차 빅3인 GM이나 크라이슬러사처럼 상황이 안 좋아져 국가의 재정 지원을 받아야 하는 절체절명의 상황에 놓인 적자기업의 경영자가 받는 연봉이 수백억 원에 달하는 경우도 드물지 않습니다. 그러면서도 그들은 자신이 최상층 자본가와 비교하면 수익이 적다고 투덜대며 뻔뻔한 말까지 내뱉습니다.

앞으로 세계의 총자산이 증가해도 이익환원율은 더욱 감소할 것입니다. 이를테면 이번엔 10억 원을 투자해 수천만 원의 이익을 얻었다면 다음에는 이익이 수백만 원으로 줄고, 그다음에는 다시 수십만 원으로 줄어듭니다.

이렇게 되면 방법은 하나뿐입니다. 예전에 10억 원 투자했던 자본을 100억 원, 1,000억 원 규모로 늘리는 수밖에 없습니다. 비율이 낮아지면 분모의 수를 늘려서 전체 금액을 지키는 길밖에 달리 방법이 없습니다. 이런 맥락에서 자본은 더욱 증가합니다.

이것은 그야말로 악순환입니다. 이런 식으로 자본가들이 무리를 하므로 결과적으로 거품 경제가 만들어집니다. 이 상황이 지속하면 결국 이익환원율은 한없이 제로에 가까워집니다. 그동안 사람들은 경제가 호전되지 않는 것은 새로운 산업이 성장하기 못하기 때문이다, 큰 경제적 변동이 없기 때문이다, 하는 식의 이유를 붙여왔습니다. 그러나 좀 더 근본적인 이유를 자본주의가 본래 갖고 있는 구조적인 문제에서 찾아야 합니다. 이런 상황에서는 아무리 많은 돈을 갖고 있어도 더는 이익을 만들어내기 어렵습니다.

자본이 아무것도 만들어내지 못하는 상태에 빠지는 순간 자본주의는 마치 붕괴하는 건물처럼 요란한 소리를 내며 무너집니다. 그러나 지금은 자본이 남아돌아 이익환원율이 떨어지는데도 기업의 이익은 늘어나는 기현상이 벌어집니다. 특히 1990년 이후 이런 '모순'이 커지고 있습니다. 이것은 사람들이 보지 못하는 곳에서 매우 탐욕스럽고 사악한 짓거리가 저질러지고 있다는 의미입니다. 대체 무슨 일이 일어나고 있는 걸까요?

이윤율 제로가 되면 자본주의는 무너진다

'자본주의라는 브레이크가 고장 난 기관차를 지금 당장 멈춰라.' 만일 어떤 사람이 많은 인파가 모인 곳에서 이렇게 외쳤다면 아마도 머리가 어떻게 된 사람 취급을 받게 될 것입니다. 그러나 자본주의 메커니즘에 대해 조금만 세밀히 이해해도 누구나 이런 말을 하고 싶어질 만큼 자본주의라는 기관차가 안고 있는 문제는 심각하고 치명적입니다.

한마디로 자본주의 시스템은 태생적으로 자기모순의 폭탄을 안고 달리는 기관차와 비슷합니다. 그러므로 서둘러 멈추게 하거나 근본적으로 바꾸지 않고 내버려두었다가는 폭발하고 말 가능성이 큽니다.

그 폭탄 중 하나가 마르크스가 『자본론』에서 주창한 '이윤율의 경향적 저하법칙'입니다. 이는 자본의 이익환원율이 하락하는 현상을 정확히 꿰뚫은 날카로운 주장입니다. 경향적 저하란 일시적으로는 오르거나 내릴 수 있지만, 긴 안목으로 보았을 때 하락하는 경향이 있다는 의미입니다.

자본주의에서는 물건이든 금융이든 먼저 '상품'이란 것을 만들고 그것을 유통해서 이윤을 얻습니다. 실제 상품도 똑같은 것을 만들어 내는 한 거기서 얻는 이윤은 반드시 낮아집니다. 그럼 매번 다른 상품을 만들면 되지 않느냐고 생각하기 쉬운데, 유감스럽게도 상품이 무조건 팔린다는 보장이 없습니다. 아니, 오히려 잘 팔리지 않을 가능성이 훨씬 큽니다. 잘 팔리는 새 상품을 만드는 것이 갈수록 점점 더 어려워집니다. 어떤 물건을 만들어도 예전처럼 잘 팔리지 않게 됩니다. 어쩌다 잘 팔리는 제품을 개발해도 다음 달이면 어디선가 똑같은 제품이 만들어져 시장에 출시됩니다. 이렇게 되면 아주 사소한 부분까지 철저히 차별화하는 수밖에 없습니다. 그마저도 경쟁사들이 순식간에 따라 해서 소용없게 됩니다.

자본주의 사회는 거대한 '과거 노동'에 의해 이루어집니다. 조상이 남겨준 돈과 과거에 손에 넣은 돈이 지금의 우리를 움직이는 것입니다. 과거에 만들어진 다양한 자본이 '더 일해라, 더 열심히 일해라' 하며 우리의 등을 떠밉니다. 즉, 우리를 움직이는 것은 자본이라는 과거의 망령인 셈입니다. 같은 맥락에서 지금 올리고 있는 이윤 역시 '다음의 자본'이 되어 미래의 우리를 움직일 것입니다.

만약 모든 사람이 '미친 돈벌이를 그만두자'고 선언한다면 어떻게 될까요? 그런 상황이 실제로 벌어진다면 모두를 배신하고 혼자만 돈벌이를 멈추지 않은 사람이 '유일한 승자'가 될 것입니다. 그러므로 그런 구호나 선언 하나로 이 질기고도 복잡하기 짝이 없는 질곡의 세계에서 벗어나는 것은 불가능합니다. 더구나 현실에는 그 '유일한 승자'를 꿈꾸며 미친 듯이 질주하는 자본가가 많습니다. 최종적으로 돈을 손에 넣는 사람이나 국가는 '좀 더 이윤을 올려라, 이자를 지급하라'고 말할 것입니다.

지금 착취당하는 사람도 꾹 참고 열심히 일해서 이윤을 올리다 보면 언젠가는 승자의 대열에 합류할 수 있을지 모른다는 기대를 품을 수도 있습니다. 그러나 이는 로또에 당첨되는 일처럼 허황된 일입니다. 누군가에게 그런 행운이 찾아오겠지만 절대다수에게는 꿈같은 얘기에 지나지 않습니다.

이윤율의 경향적 저하법칙에 의해 모든 사람의 이윤은 필연적으로 감소할 수밖에 없는 운명입니다. 이윤이 감소하면 가장 먼저 딜레마에 빠지는 사람은 자본가입니다. 그리고 그다음이 선진자본주의 국가의 정부와 국민입니다. 그들은 이렇게 외치고 싶을 겁니다. '절대 이윤을 떨어뜨리지 않게 하라. 좀 더 끌어올릴 수 없다면 적어도 현재의 수준을 유지하라.' 그러나 아무런 조치를 취하지 않고 그대로 두면 평균이윤율은 점점 떨어질 수밖에 없으므로 제자리걸음을 한다면 이윤율은 필연적으로 하락합니다. 그것을 방지하기 위해서는 결국 '경제성장'을 달성하는 길밖에 없습니다. '성장률 0%로는 안 된다. 최종적으로는 0.1%라도 좋으니까 수단과 방법을 가리지 말고 이윤율을 올려라' 하는 식이 됩니다.

이윤율 제로 상태가 지속하면 언젠가 필연적으로 무너질 수밖에 없는 것이 자본주의가 안고 있는 폭탄입니다. 이런 맥락에서 갈수록 점점 더 많은 자본이 점점 더 활발히 움직이고 점점 더 많은 나라로 들어갑니다.

값싼 노동력을 찾아 헤매다니는 자본

이윤율을 끌어올리는 방법은 그리 많지 않습니다. 마르크스의 이윤율 공식을 봅시다.

$$이윤율 = M \div (C + V)$$

M 잉여가치 을 C 불변자본 와 V 가변자본 의 합으로 나눈 것이 이윤율입니다.

'잉여가치'는 노동자의 노동력으로 만드는 가치인데, 그것이 그대로 이윤이 되는 것은 아닙니다. 비용이 듭니다. 비용에는 두 종류가 있는데, 하나는 '불변자본'입니다. 원재료, 연료, 기계 등 생산수단이 여기에 해당합니다. 다른 하나인 '가변자본'은 노동자에게 지급되는 임금입니다. 잉여가치가 커지지 않으면 불변자본과 가변자본을 줄이는 수밖에 없습니다. 이른바 '비용절감'입니다.

먼저 불변자본을 줄이는 방법을 생각해봅시다. 첫째, '연료'입니다. 자연재생 가능에너지는 비용이 많이 들므로 자본가들이 꺼립니다. 석유나 천연가스로도 감당이 안 되면 남는 것은 원자력발전뿐입니다. 2011년 3월 11일, 대지진으로 후쿠시마 원전사고가 일어났음에도 원자력발전이 폐기되지 않은 것은 저렴한 비용 때문입니다. 그러나 그것은 사고와 재처리 비용을 의도적으로 빼고 계산한 왜곡된 수치입니다. 원전의 경우, 일단 사고가 나면 천문학적인 비용이 발생합니다. 따라서 원전 사용을 피하려면 연료를 적게 사용해도 되는 기술혁신을 이루어야만 합니다.

다음으로, 원료비용입니다. 이것은 소량으로 끝낼 수 있는 성격의 문제가 아닙니다. 대량으로 구매하여 최대한 값싸게 매입하는 방법뿐입니다. 국내에서 조달할 수 없으면 외국에서 싸게 들여오는 수밖에 없습니다. 아니면 거짓말을 하고 고객을 속여야 합니다. 회전 초밥집에서 값비싼 히라메 엔가와광어 지느러미를 저렴하게 먹을 수 있는 비밀은 광어 지느러미가 아닌 가자미 지느러미를 재료로 사용하기 때문입니다.

셋째, 기계 비용도 삭감됩니다. 선진자본주의 국가에서는 배출물에 대한 규제가 매우 엄격합니다. 낡은 기계는 국내에서 사용할 수 없고 팔 수도 없습니다. 그러나 아직은 폐기하기 아까울 경우 해당 기계가 있어야 하는 개발도상국에 팔거나 그곳에 있는 관련 회사에서 사용합니다. 이런 낡은 기계가 지금도 세계 곳곳에 독을 퍼뜨리고 있습니다. 최근 중국과 아시아 국가들이 겪고 있는 심각한 공해 문제는 40여 년 전 선진국에서 공해를 일으켰던 기계가 바다를 건너 그곳에서 다시 사용되고 있기 때문입니다.

임금이기도 한 가변자본은 새로 설정하는 것이라서 극단적으로 말하면 '마음대로' 낮출 수 있습니다. 즉, 최소한 특정 국가의 법률이 보장하는 '최저임금' 수준까지는 낮출 수 있습니다. 정직원에게 그렇게 하기 어려우면 정직원의 비율을 낮춥니다. 같은 일을 하는데도 임금이 적은 직원이 등장합니다. 이른바 비정규직입니다. 그러나 자본가는 "회사나 국가에 따라 동일노동이라도 임금은 크게 달라질 수 있다. 약간의 격차는 어쩔 수 없다"라는 말로 둘러댑니다. 그래도 임금이 너무 높으면 외국으로 공장을 이전해 좀 더 값싼 노동력을 찾는 수밖에 없습니다.

만일 자본가가 노동자에게 직접 "다음 달부터 당신의 임금을 내리겠다"라고 말했다면 분쟁이 일어날 가능성이 큽니다. 그러나 그런 말을 하는 대신 외부에서부터 그럴 수밖에 없어 보이는 상황을 만들어 가면 오히려 우수한 자본가로 인정받습니다.

선진자본주의 국가의 경제는 불변자본과 가변자본을 개발도상국으로 이전함으로써 성립합니다. 다시 말해 세계화를 통해 전 세계를 자유화한 뒤 그곳에 공장을 세우고, 자본을 투입하며, 그곳의 노동자를 착취하여 이윤을 올리는 것 외에 달리 방법이 없습니다. 오직 이 길로만 달려갑니다. 그러나 어느 시점이 되면 이 지역에서도 더는 이윤이 발생하지 않게 됩니다. 다른 국가나 기업이 쇄도하면 노동자, 에너지, 원료 부족이 일어나고 덩달아 그곳 노동자의 임금도 올라가기 때문입니다.

중국 노동자의 임금이 오르면 베트남과 태국으로 가고, 다시 말레이시아나 방글라데시로 가고……, 이런 식으로 좀 더 저렴한 노동력을 찾아 세계를 전전합니다. 그 종착지는 과연 어디일까요? 그 종착지 중 한 곳이 말리가 아닐까 생각합니다. 말리는 서북아프리카 내륙에 있는 가장 가난한 나라 중 하나입니다. 1인당 국민소득이 연간 약 30만~50만 원으로 일본의 1인당 국민소득의 약 100분의 1정도입니다. 중국과 알제리는 약 500만~1,000만 원 사이이니까 이보다 훨씬 높습니다. 물론 꼭 말리가 아니어도 그와 비슷한 수준의 경제력을 가진 나라면 됩니다.

값싼 노동력을 가진 나라에는 몇 가지 문제가 있습니다. 교통망이 제대로 갖춰져 있지 않고 노동자의 질이 열악하다는 점이 그것입니다. 그러므로 이런 나라의 경우 철도와 고속도로를 부설하고 국민을 교육해 자본주의 사회의 말단에서나마 살아갈 수 있을 정도의 능력을 만들어주어야 합니다. 그러자면 돈이 듭니다.

이런 지역의 노동자는 지금까지 주로 광산에서 일하거나 우라늄을 채굴하는 등 그야말로 목숨을 건 노동을 해야 했습니다. 광산 노동이나 우라늄 채굴 같은 일은 튼튼한 육체만 있으면 누구나 할 수 있으므로 낮은 임금으로도 노동자를 고용할 수 있습니다.

그러나 처음에는 아주 낮은 임금으로도 고용이 가능하지만 어느 시점이 되면 필연적으로 임금이 올라갈 수밖에 없습니다. 그 이유는 첫째, 우선 새로운 시장을 개척하자면 반드시 생산성을 끌어올려야 하기 때문입니다. 둘째, 생산성이 향상되어 대량으로 만들어진 제품을 판매할 좀 더 활발한 소비시장이 필요하기 때문입니다. 생산성 향상과 활발한 소비시장 만들기라는 두 가지 요건을 충족하기 위해서는 반드시 교육수준과 문화수준이 어느 정도 같이 올라주어야 합니다. 그리고 이런 맥락에서 어느 정도의 임금인상은 필수적인 조건이 됩니다.

말리의 노동자 임금으로도 높다고 하면 어떻게 해야 할까요? 그동안 말리 같은 나라는 선진자본주의 국가들과 자본가들이 값싼 노동력을 찾아 이전하는 나라의 종착지로 여겨져 왔습니다. 이보다 더 착취할 수 있는 나라나 지역이 없다고 해도 과언이 아닙니다. 따라서 이런 '종착지'마저 대안이 되지 못한다면 이제까지 상대적으로 높은 임금을 지급했던 나라의 노동자 임금을 깎는 수밖에 없습니다. 이로 인한 영향은 개발도상국만이 아니라 선진자본주의 국가에까지 미칩니다. 또한, 같은 비율로 개발도상국 노동자의 임금을 깎는 것보다 선진국 노동자의 임금을 깎는 것이 상대적으로 효과가 큽니다.

이런 맥락에서 왕성한 소비시장으로 기대되는 중국의 임금은 오르지만 더 많은 소비를 기대할 수 없게 되어버린 일본의 임금은 떨어집니다. 전 세계 규모로 보면 임금의 오르내림은 있지만, 평균적으로는 떨어집니다. 노동력의 이전이 한계에 다다르면 이번에는 노동의 임금이 낮은 곳에서 평준화하는 '하향평준화'가 일어납니다.

이처럼 자본주의 사회는 항상 낮은 임금수준과 높은 소비수준이라는, 서로 모순되는 두 가지 문제를 안고 있습니다. 제품을 만들어 시장에 내다 팔지 않으면 안 됩니다. 상품을 팔지 않으면 경제성장을 이룰 수 없습니다. 상품을 팔기 위해서는 소비력을 키워주어야 하므로 어느 정도 임금을 올려주지 않을 수 없습니다. 그러나 이윤을 남기기 위해서는 어딘가에서는 임금을 삭감해야만 합니다.

문제는 위에서 언급했듯이 더는 임금을 낮출 여지가 없다는 데 있습니다. 이런 딜레마 같은 상황이 반복됩니다. 자본주의 자체가 심각한 자기모순에 빠진 형국입니다. 결국, 자본주의는 오직 극소수의 자본가가 싹쓸이하기 위한 시스템, 혹은 그것에 한없이 가까워지는 시스템이라서 언젠가는 파멸할 수밖에 없습니다.

소련의 사회주의 체제를 무너뜨린 자본의 힘

1860년대 이후, 19세기 말까지 일어나는 현상은 이와 전혀 달랐습니다. 자본이 점점 늘어나고 이익환원율도 떨어지지만 아직은 무리를 하지 않아도 되었습니다. 일부 이윤이 노동자의 임금으로도 환원되었습니다. 남아도는 시장과 새로운 상품이 뒷받침해주었기 때문입니다.

일부 선진국에만 해당하는 얘기지만 '노동 귀족화' 과정에서 육체노동자가 샐러리맨으로 바뀌었습니다. 19세기 후반 무렵에는 도시마다 백화점이 생겨났고, 패션쇼가 정기적으로 열렸으며, 노동자도 이따금 이런 곳을 찾아갈 수 있게 되었습니다. 그러나 20세기와 비교하면 이 역시 그다지 두드러진 현상은 아니었습니다.

노동자의 중산계급화가 본격적으로 일어나기 시작한 때는 20세기 후반 무렵부터였습니다. 이 시기에 자본의 잉여가치를 줄이고 노동자에 대한 분배를 늘려 어느 정도 경제적 여유를 만들어준 것입니다. 이런 일들이 놀라운 성장과 번영으로 이어졌습니다. 자연스럽게 소비는 늘고 자본의 양도 증가하는 상승효과가 나타났습니다. 이 흐름이 1980년대까지 지속하였습니다.

그런데 문제는 일부 노동자가 화이트칼라로 대체되고 자본주의 확대에 힘입어 번영을 누릴 수 있던 것이 일시적인 현상에 지나지 않았다는 데 있습니다. 이 시기에 중산계급이 형성되기도 했지만, 그들 중 상당수가 그 지위를 오래 유지하지는 못했습니다. 대부분 그 대열에서 이탈하여 다시금 예전의 상태로 돌아가는 비참한 운명을 안고 있었습니다.

왜 이런 일이 일어났을까요? 중산계급이 늘어남에 따라 자본주의가 확대되고 자본의 양도 획기적으로 늘었지만, 그에 비례하여 자본의 수익이 증가하지 않았기 때문입니다. 자본의 수익이 함께 증가하지 않는 한 결국 자본가는 중산계급에 허락했던 몫을 거두어들이거나 줄이고, 더 나아가서는 그들을 짓밟아서라도 이윤을 추구할 수밖에 없기 때문입니다.

그렇게 하지 않고서는 자본가 역시 살아남기 어렵습니다. 특히 새로 자본가의 대열에 끼게 된 이들은 이런 뻔뻔스러운 짓을 서슴지 않는 한 수익을 올릴 방법이 없습니다. 자본가 간의 치열하고 비정한 경쟁에서 살아남기 어려운 것입니다.

제2차 세계대전이 끝난 뒤 한동안은 부흥의 수요가 있었습니다. 경제가 급속히 성장했던 것입니다. 이 시기에는 자본가도 투자하는 만큼 그에 합당한 이윤을 올렸습니다. 그러나 경제는 이내 안정기에 접어들었고, 많은 이윤을 올릴 가능성이 사라져버렸습니다.

그 전환기가 1980년대부터 1990년대였습니다. 여기서부터 새로운 자본주의 사회가 도래하기 시작한 것입니다. 때마침 그 무렵 소련의 자본주의 체제가 무너졌습니다. 엄밀하게 말하자면 구소련을 무너뜨린 것은 자본이었다고 해도 지나치지 않습니다. 선진자본주의 국가의 자본은 정체될 대로 정체되고 경제는 이미 포화상태였기에 커다란 외부 시장이 필요했던 것입니다.

아무튼, 그로 인한 여파는 개발도상 국가들에게까지 심대한 영향을 미쳤습니다. 일본 기업은 중국이나 방글라데시 같은 나라에 공장을 지어 이전합니다. 그리고 그곳에 남아도는 자본을 집중 투자합니다. 일본에서는 이윤율이 크게 떨어졌지만 중국과 방글라데시는 아직은 높습니다. 노동자의 임금이 상대적으로 낮기 때문입니다. 더구나 원재료를 현지에서 조달할 수 있으므로 더욱 효율적입니다. 그리고 이들 국가의 국민은 아직 내구소비재를 갖고 있지 않아 만드는 대로 팔립니다. 국내 경제에서는 하락한 이윤율도 다른 나라의 경제를 흡수함으로써 높아집니다. 주요 선진자본주의 국가들의 세계화에는 이런 궁여지책의 요소도 숨어 있었습니다.

노동자에게 '중산층'의 환상을 심는 자본가

위에서 언급한 대로, 다국적기업이 진출한 국가의 노동자 임금은 초기에는 올라가지만 머지않아 떨어집니다. 그에 비해 선진국 노동자의 임금은 지속해서 하락합니다. 그리고 전체의 평균을 내보면 총임금은 하락하는 추세입니다. 총임금을 낮추는 전략으로 자본가는 이윤을 올리려고 합니다. 그 결과 부유층과 빈곤층의 급속한 양극화 문제가 일어납니다. 중산층이 붕괴하는 것입니다.

1980년대의 일본에서는 "더는 빈곤층은 없다. 거의 모든 국민이 중산층이다"라는 말을 많이 했습니다. 실제로 당시 설문조사에 따르면, 자신을 중산층이라 생각하는 사람이 90%가 넘었습니다. 그중에는 공장노동자나 본래는 노동자가 아니었던 자영농, 자영업자도 포함되었을 겁니다.

중산층이 정말로 그렇게 많았는지는 정확히 알 수 없습니다. 아무튼, 그런 의식이 당시 일본의 '경제적 풍요'를 떠받치고 있었다는 점만은 분명해 보입니다. 실제로 그런가 그렇지 않은가보다 구성원 대다수가 그렇게 생각하는 것이 때로 국가 경제에 큰 영향을 미칩니다. 중산층이라는 말의 진짜 의미를 그들 대다수가 모른다는 점도 중요했습니다. 생활이 조금 어려워져도 '나는 아직 중산층이다'라고 생각했는데, 그런 착각에 기반을 둔 심리가 어느 정도 경제를 떠받치는 역할을 감당했던 것입니다.

그러나 좀 더 냉철히 생각해봅시다. 중산층이란 무엇인가요? 자신을 노동자계급과 다른 계급으로 착각하기 쉽지만 결국 중산층은 노동자계급의 한 부류에 지나지 않습니다. 아무리 아니라고 부인하고 벗어나려고 용을 써보아도 자신의 정체성이 노동자임에는 변함이 없는 것입니다.

한때 빈곤에서 벗어나 약간의 부유함마저 누렸을지 모르지만 그렇다고 이른바 중산층에 속한 사람에게 어느 시대에나 부유함이 보장되는 것은 아닙니다. 자본주의 사회에서는 개별 노동자의 개인적인 노력만으로는 절대로 풍요로워질 수 없습니다. 결과적으로 부의 재분배가 이루어지느냐 그렇지 못하느냐는 자본주의 사회의 영원한 화두인 '경제성장'이 실현되느냐와 자본이 그 안에서 제대로 굴러가느냐의 여부에 달렸습니다. 이것이 1980년대 일본의 '풍요로움'의 정체였습니다. 오늘날과 같은 자본주의가 예외인 것이 아니라 고도경제성장기의 자본주의의 모습이 예외적이었다고 보는 것이 오히려 정확합니다.

중산층이 된 노동자는 필연적으로 상위와 하위로 나뉩니다. 같은 중산층이라고 생각했던 사람들 사이에서 갈수록 임금이 떨어지는 계층과 점점 임금이 오르는 계층으로 나누어집니다. 지금 일본인을 대상으로 다시금 "당신은 중산층에 속한다고 생각하십니까?"라고 설문조사를 해보면 어떤 결과가 나올까요? 단언하건대, 상당수가 "나는 중산층이다"라고 답하지 않을 것입니다.

중산층의 개념이 의미를 잃게 되면 소유의 개념도 희박해집니다. 뭔가를 소유한다는 의식이 사라지면 인격 형성의 개념도 붕괴합니다. 갈수록 사람의 마음이 황폐해집니다. 이런 일들이 오래 지속하면 자포자기가 일어나는데, 일본인 역시 그런 과정을 겪었습니다. 잠잘 곳이 있고 그럭저럭 먹고살 수 있으니까 '국민의 의식수준이 높다'는 식으로 편한 소리도 할 수 있는 것입니다.

18세기 서양에서 시민사회가 형성되었습니다. 이 사회는 시민, 즉 젠틀맨을 재생산했습니다. 이들은 먼저 최선을 다해 노동을 제공하고 거기에서 이익을 얻습니다. 소유자의 의식을 명확히 가짐으로써 인격을 함양합니다. 즉, 소유함으로써 개성을 만든 것입니다. 이것이 몽테스키외Charles De Montesquieu, 1689~1755와 장 자크 루소Jean-Jacques Rousseau, 1712~1778가 상상한 시민 모델이었습니다.

집과 토지를 소유하는 시민은 개인으로 독립해 민주주의를 실천합니다. 바로 이것이 서양문화모델의 민주주의입니다. 이런 인격 형성의 토대를 확립하자는 것이 '자본주의 확대, 민주화'의 명분입니다.

그 모델이 일본에 들어왔고 한국에 유입되었습니다. 그런데 공교롭게도 이 시점에 그 모델이 붕괴하기 시작했습니다. 자본주의 메커니즘이 동력을 상실한 것입니다. 그런 까닭에 그 모델은 중국과 아시아, 남아메리카와 아프리카 대륙에까지 영향을 미치지 못했습니다. 여기서는 시민사회도, 진정한 의미의 중산층도 생겨날 수 없었습니다. 이 시기에 이르러 "세계는 높은 위치에서 평판flat화한다"라고 경박하게 주장하는 사람들이 끊임없이 나타났습니다.

'노동자 예비군'을 만들어 총임금을 낮추다

여기서 자본가의 시점으로 돌아가 봅시다. 그들로서는 국내 중산층의 총임금을 낮추고 싶은데, 그것이 말처럼 쉽지가 않습니다. 우선, 경영의 바탕을 이루는 사람들이나 당장은 아니더라도 잠재력이 커서 장래에 큰 도움이 될 사람들의 임금은 낮출 수 없습니다. 그런 까닭에 상위 중산층의 임금은 떨어지지 않습니다.

하위 중산층의 임금을 낮추기 위해서는 많은 궁리가 필요합니다. 첫째, 노동시장의 세계화에 힘입어 그들의 임금을 낮추는 방법을 사용합니다. 둘째, 정규직이라는 고용 형태를 최소한으로 묶고 계약직 비율을 늘려서 평균치를 낮추는 방법을 동원합니다. 정부도 이에 합세합니다. 일본뿐 아니라 전 세계적으로 이런 일이 벌어집니다. 이런 맥락에서 서양에서는 갈수록 정규직의 개념이 희박해지고 있습니다. 일본 역시 사정은 마찬가지입니다.

그러나 그것으로도 부족합니다. 언제까지 일부 계약직에만 악독한 임금 체계를 강요할 수도 없습니다. 이제 남는 것은 일반 노동자의 임금을 내리는 방법뿐입니다. 이 방법을 쓰지 않는 한 총임금이 비약적으로 내려가지는 않습니다. 그렇게 하려면 자본가는 무엇을 해야 할까요?

노동력은 상품입니다. 다른 상품이나 자본과 마찬가지로 시장에 노동력이 남아돌면 그 가치는 지속적으로 떨어질 수밖에 없습니다. 따라서 국가 전체를 노동력이 남아도는 시장으로 만들면 됩니다. 조금 이윤이 올라도 임금을 낮추지 않으면 추가 이윤이 발생하지 않습니다. 오히려 '매출이 늘었으니 임금도 올려라'라는 요구가 빗발칠 것입니다.

노동력이 남아도는 시장을 만들어 이윤을 남기려 한다면 효과적인 답은 하나입니다. 지금 존재하는 노동자의 외부에 '노동자 예비군'을 만드는 방법입니다. 노동시장에 지금까지 상상하지도 못했던 전혀 새로운 개념을 만들어내는 것입니다. 이를 위해서도 많은 궁리가 필요합니다. 하나는, 외국인 노동자를 고용하는 방법입니다. 중국을 포함한 아시아의 여러 나라에서 기업연수 명목으로 들어오는 노동자들입니다.

기업의 세계화, 기업 내의 영어 사용을 활성화한다는 명목으로 외국인 노동자를 채용하는 방법도 있습니다. 이 방법을 적용해 그 기준에 맞지 않는 일본인 노동자의 임금을 내릴 수 있습니다. '임금을 인상하고 싶다면 영어 실력을 키워라. 국외지사에 나가 실적을 올려라'라고 독려하며 어려운 문제를 내밉니다.

또 하나는 약간 의외라고 생각하는 사람도 있을 수 있는데, 남녀 고용의 기회균등 법을 활용하는 방법입니다. 아베 내각이 추진하는 '여성의 사회진출 정책'이 그것입니다. 전업주부가 되어 한 번 퇴장한 여성을 다시 노동시장으로 돌아오게 하는 것입니다. 이 방법으로 '노동자 예비군' 수가 눈에 띄게 증가합니다. 남녀 사이에서 취업 경쟁이 본격적으로 일어나면 평균 임금은 자연스럽게 내려갈 수밖에 없습니다. 지금까지 주부 시간제 근무자로 해결했던 저임금 노동은 전부 외국인 노동자에게 맡기고, 화이트칼라 직장인이 되어 남편과 같이 일하게 합니다.

그러면 어떻게 될까요? 화이트칼라의 임금이 단번에 내려갑니다. 부부가 모두 정규직으로 일하는데도 이전에 남편 혼자 벌었던 임금과 비교해 별 차이가 없어집니다. 오히려 떨어지지 않으면 다행입니다. 그리고 기업들의 이런 정책을 지금의 일본 정부가 대대적으로 지원하고 있습니다.

자본주의 사회에서 노동자가 살아남는 세 가지 방법

예전에 일본에 있었던 중산계급을 유지하고 싶다는 생각은 이미 과거의 것이 되어버렸습니다. 그러나 따지고 보면 그것이 전혀 불가능한 일도 아닙니다. 다음과 같은 방법을 동원하면 얼마든지 가능할 수도 있습니다.

우선, 극우주의자들의 주장대로 일본에 들어오는 외국인 이민을 완전히 차단합니다. 그런 다음, 낮은 임금을 주고 외국인 노동자에게 일을 시켜 자본의 이윤율을 유지합니다. 마지막으로, 그렇게 해서 발생한 수익을 국내 노동자에게 추가 지급함으로써 임금을 인상하고 좀 더 풍족한 생활을 유지하게 해줍니다. 이는 개발도상국의 국민에 대한 완전한 착취로만 가능합니다. 이런 오만함과 후안무치함을 국민이 견뎌낼 수 있고 빗발치게 될 국제여론의 비난 화살에 초연할 수 있다는 가정에서 가능한 이야기입니다. 그러나 사실 이에 가까운 일은 지금도 버젓이 자행되고 있습니다.

기업의 국외투자액이 증가하여 이윤율을 올립니다. 그 결과 어느 정도 일본 경제도 좋아질 가능성은 있다고 봅니다. 다만 그렇더라도 개별 노동자가 과거에 누렸던 '풍요로움'은 다시는 돌아오지 않을 겁니다. 액막이 행사 때 공짜로 떡을 제공하듯 자본가가 대중에게 돈을 뿌리는 일은 두 번 다시 일어나지 않을 것이기 때문입니다. 그들은 일본 내에서 중산계급을 부흥시키겠다는 생각을 전혀 하지도 않을 뿐만 아니라 왕성한 내수 부활의 꿈마저 절반 이상 포기해버렸습니다. 그들의 시선은 이미 오래전부터 해외로 향해 있었습니다.

그러나 그렇다고 해서 일본 전체가 궁핍해지는 것은 아닙니다. 왜냐하면, 중산계급의 위치를 유지할 수 있는 계층이 아직 남아 있기 때문입니다. 그들은 바로 대기업에서 근무하는 노동자계층입니다. 그들은 임금의 일부를 떼어 주식이나 회사채, 혹은 공채에 투자합니다. 이 주식으로 얻은 돈은 자본의 잉여가치에 해당합니다. 이런 사람들은 절반은 노동자이면서 절반은 자본가인 셈입니다. 기본 정체성이 노동자라고 해서 다른 노동자의 잉여가치를 빼앗지 않고 착취하지 않는다고 말할 수는 없습니다. 그들은 다양한 금융상품에 투자해 노동자로서 받는 임금 이외의 부가 수입을 얻습니다. 그들은 대부분 일류대학을 나온 엘리트 샐러리맨인데, 이 계층은 중산계급의 대열에서 탈락하지 않고 유지됩니다.

또 하나는 부모에게 유산을 상속받은 노동자입니다. 그들은 노동자로 일하면서 받는 임금이 비록 적다고 해도 그 수백 배에 달하는 자산을 손에 쥐고 있습니다. 이 돈은 당연히 투자로 돌려집니다. 더구나 부모가 남겨준 도심의 노른자 땅이 애초 가격보다 수십 수백 배나 가치가 뛰어 자산이 늘어납니다. 이런 현상은 오래전 자본주의가 생성될 무렵의 지주계급이 자본가로 전환해가는 모습을 재현하는 것처럼 보입니다.

자본주의 사회에서 노동자가 살아남는 방법에는 세 가지가 있습니다. 첫째, 학력을 높여서 자신의 노동력을 비싼 값에 파는 방법입니다. 둘째, 부자 부모를 둔 경우입니다. 셋째, 부잣집 남자나 여자와 결혼하여 부자의 대열에 합류하는 길입니다. 고학력을 획득하기 위해서는 부모가 교육비를 댈 만큼의 경제력이 있어야 합니다. 어지간한 수재가 아니면 반환하지 않아도 되는 장학금을 받을 수 없습니다. 그런 까닭에 결국 당장 필요한 돈을 어떻게든 융통해올 수 없는 사람은 살아남지 못합니다.

메리토크라시의 정점, 빌 게이츠

아직 잘 알려지지 또 하나의 방법이 있습니다. 회사가 절대 자를 수 없을 만큼 대단한 가치를 지닌 비밀을 확보하는 것입니다. 즉, 기업이 일으키는 문제의 공범자가 되는 것입니다. 회사는 중요한 비밀을 아는 사람을 쉽게 자르지 못합니다.

나는 일본기업의 사장을 다수 배출한 게이오대학 경제학부 출신입니다. 내 동기 중에는 졸업한 뒤 대기업은행에 취직한 사람이 여럿 있습니다. 그중 어떤 친구는 니혼코교은행에 들어갔고, 또 어떤 친구는 후지은행에 입사했습니다. 당시에는 안정적인 직장에 취직하게 되어 잘된 일이라고 다들 생각했습니다. 그런데 나중에 그 은행들이 파산하여 문을 닫거나 다른 은행에 합병되는 곤란한 신세를 면치 못했습니다.

25년 후, 동창모임에서 만났을 때 그들은 모두 같은 은행에서 일하고 있었습니다. 그때만 해도 한직으로 밀려나 고생들 하는구나, 하며 안됐다고 생각했는데 실제로는 그렇지 않았습니다. 그들 중 부사장이 된 사람도 있었습니다. "네가 전에 다니던 은행을 망하게 한 거냐?" 하고 농담 삼아 물었더니 "망할 원인을 제공한 것은 우리이거나 그전 세대인데 정작 그만둔 것은 전부 잘못이 없는 아래 직원들이었다"라고 대답했습니다.

이것이 자본주의 사회에서 살아남는 상류 중산층입니다. 즉 '메리토크라시Meritocracy, 능력주의'의 실태입니다. 능력이라고는 하지만 그것이 본래 의미에서의 뛰어난 지적 능력이나 우수한 노동력을 의미하지는 않습니다. 그보다는 학력이나 학벌, 다른 사람을 경쟁에서 잔인하게 몰아내면서까지 끈질기게 살아남는 능력이나 처세, 끈끈한 인간관계 같은 것을 의미합니다. 선진자본주의 국가의 '메리토크라시'는 만만치 않은 힘과 영향력을 가지고 있습니다.

능력이 뛰어난 노동자, 즉 메리토크라시가 성과를 인정받아 자본가에게 소득을 분배받음으로써 창출되고 움직이는 자본의 양은 전체

자본주의의 관점에서 볼 때 미미합니다. 어쨌든 그들은 파격적인 보수를 받아 차츰 자본가화합니다. 그들이 출세해 임원이 되면 스톡옵션의 형태로 자사 주식을 배분받습니다. 즉 보수에 더해 몇만 주의 주식을 갖게 되고, 그 주식을 매각함으로써 이익을 실현합니다. 그렇게 되면 노동자로서의 정체성보다 자본가로서의 정체성의 비중이 상대적으로 커집니다.

이것을 귀족 시대에 빗대어 생각해보면 태어날 때부터 자연스럽게 주어지는 공작이나 후작 같은 신분이 아니라 살아가면서 자신이 쌓은 공적이나 운에 의해 얻게 되는 '남작男爵'에 더 가깝습니다. 자본이 아니라 '능력'으로 지위를 얻는 '남작형 신귀족'이 자본가를 지탱해주고 활개 치는 사회가 일본을 포함한 선진자본주의 국가의 21세기 자본주의의 모습입니다.

빌 게이츠는 매우 드문 타입의 메리토크라시입니다. 그는 매우 똑똑하고 우수해서 직접 탁월한 기술을 개발하여 회사를 창업하고 거대기업으로 발전시켜 독점자본가가 되었습니다. 그렇지 않은 메리토크라시 대부분은 하버드대학 같은 명문대학 출신이라는 간판만으로 처음부터 중역 대우를 받고 스톡옵션으로 거액의 돈을 법니다. 일반 노동자와는 출발점 자체가 다릅니다. 이렇게 해서 금융 프로로서 자본가의 길에 들어섭니다.

자본주의 사회에서 기업은 본업에만 충실해서는 살아남기 어렵습니다. 자본력이 약한 다른 기업과 과감히 합병하거나 자기 그룹의 산하로 끌어들여 세력을 확장해야 합니다. 합병과 인수 대상은 국내에만 머물지 않습니다. 개발도상국의 국민은 선진자본주의 국가의 국민에게 착취당하고, 현지 기업은 다국적기업에 수탈당합니다. 이런 이중적인 착취가 일상적으로 벌어집니다. 그리고 현지의 일부 지배계급이 선진자본주의 국가 자본의 앞잡이 노릇을 합니다.

서양의 나라들은 오랫동안 아시아와 아프리카 대륙을 수탈해 번영을 이뤘습니다. 일본도 이와 똑같은 짓을 한국과 중국 같은 나라에 저질렀습니다. 이때 축적된 자본이 전쟁이 끝난 뒤에도 순환하여 그 후의 일본 국민의 경제적 풍요로움으로 이어진 것은 부인할 수 없는 사실입니다.

막강한 힘을 가진 '자본 상속'

복잡노동, 즉 개인의 능력이 빛을 발하는 노동이 높은 경제적 가치를 만들었습니다. 거듭해서 말하지만, 그 가치의 일부는 단순노동의 경우와 마찬가지로 자본이 가로챘습니다. 그렇다고 해서 복잡노동을 이끌었던 사람의 자녀 역시 복잡노동을 제공할 수 있는가 하면 그것도 아닙니다. '저 집은 부모가 모두 일류대학을 나왔는데, 아들은 완전 바보다' 하는 일이 얼마든지 일어날 수 있습니다. 재능은 물려줄 수 없습니다. 그런데도 신분제 사회에서는 어느 정도 안정적으로 지위가 상속됩니다. 그러나 자본주의 사회에서는 자본 이외에는 상속되지 않습니다.

복잡노동은 획기적인 기술을 만들어냅니다. 이것도 확실한 보호장치를 갖추지 못하면 곧바로 누군가가 모방해버립니다. 그래서 선진자본주의 국가에서는 특허나 의장권, 저작권이라는 개념을 만들어냈습니다. 여기에는 일정한 기간이 정해져 있습니다. 즉, 해당 기간이 지나면 누구나 모방할 수 있습니다. 이처럼 능력과 재능, 기술, 지식은 시간이 지나면 모두 사회화합니다. 말하자면 절반은 공적 존재인 셈입니다.

그러나 돈은 다릅니다. 돈은 상대가 누구든 주인이 의도하는 곳으로 자유롭게 이전할 수 있습니다. 유효기간이 정해져 있는 재능, 기술, 지식도 일단 돈으로 바꿀 수만 있다면 다른 곳으로 이전할 수 있습니다. 그것도 한시적이 아니라 영원히 이전할 수 있습니다. "최고의 유산은 교육이다"라고 말하지만 사실 자본 상속을 능가할 만한 것은 어디에도 없습니다.

어느 시대에나 경제 격차는 존재했습니다. 그러나 지금처럼 격차가 커진 시대는 없었습니다. 전 세계의 자본가들 가운데 상위 85명이 가진 총자산이 하류층에 속한 35억 명의 총자산과 맞먹는다고 합니다. 이 정도면 과거에 엄청난 부를 누렸던 메디치 가문이나 합스부르크 왕가Habsburg Haus도 깜짝 놀랄 일입니다. 문제는 이 격차가 앞으로 점점 더 커질 거라는 점입니다.

『21세기 자본』을 쓴 토마 피케티는 "부잣집 자식은 말년까지 부자"인 상황이 확대되는 것으로 그 이외의 모든 사람을 절망으로 몰아간다고 결론지었습니다. 이 상태가 지속하여 한계점에 다다르면 자본주의는 내부로부터 붕괴할 거라는 의미입니다. 이는 원래 마르크스가 바랐던 결과입니다. 그는 다음과 같이 예측했습니다. "소수의 자본가계급과 궁지에 몰린 대다수의 노동자계급이 대치한다. 최종적으로 자본가계급이 무너지고 최후의 혁명이 달성된다."

그러나 그런 일이 쉽게 일어나지는 않을 것입니다. 자본주의라는 시스템 자체는 붕괴의 조짐을 보이면서도 자본가의 안주는 한동안 지속될 것입니다. 이 시스템이 오래 유지되면 유지될수록 파괴의 에너지와 그 반동도 커질 것입니다. 그러므로 세계가 완전히 뒤집히기 전에 연착륙할 수 있도록 노력해야 합니다. 그 출발점에서 시도해볼 수 있는 것이 '사적 소유권의 제한'입니다. 좀 더 구체적으로 상속권을 과감히 제한하고 상속세율을 대폭 늘려야 합니다. 이것을 모든 국가가 동시에 실행함으로써 모든 인간이 불평등한 출발선에서 시작하는 현재의 문제점을 완화할 수 있습니다.

그러나 이런 방책을 따르지 않는 나라가 나올 것입니다. 만일 주요

국이 상속세율을 일제히 올리면 이를 계기로 자본가와 관련 단체를 과감히 떠안는 방식으로 일부의 작은 나라도 부유해질 수 있습니다. 이럴 때야말로 이익을 챙길 수 있는 절호의 기회이기 때문입니다. 실제로 이 방법을 실천하는 것이 모나코와 리히텐슈타인 같은 작은 나라입니다.

삼성이 잘나가도 서민의 삶에 도움되지 않는 이유

자본주의 사회는 자유롭다는 말을 수도 없이 들으며 살아왔습니다. 그러나 정작 그 사회에 사는 사람은 별로 자유롭지 않고 오직 자본만 자유롭습니다. 자본은 투자할 곳을 찾아서 그야말로 자유롭게 전 세계를 거침없이 휘젓고 다닙니다.

일본 국내의 알기 쉬운 예를 들면 예전에 '이온 쇼크'라는 것이 있었습니다. 당시 지방에 가면 어느 역 앞에나 상점가가 있었습니다. 지금은 손님의 발길이 끊어져 셔터가 내려진 곳이 많습니다. 고도경제성장기 때 주변에 자스코나 다이에 같은 대형할인점이 생기면서 소비자는 그곳을 찾게 되었고 상점가는 쇠퇴했습니다. 이때의 자스코와 다이에가 지금의 대형 유통기업인 이온 그룹입니다.

이 정도면 그나마 낫습니다. 경쟁이 치열한 경제에는 승자와 패자가 있습니다. 이번에는 이온이 효율화를 추진하면서 그 도시에서 떠납니다. 이익이 날 가능성이 적은 곳에 매장을 여느니 차라리 유동인구가 많은 곳에 여러 개의 매장을 내거나 대규모 매장을 개점하자는 전략입니다. 버려진 도시에는 상점도 다른 무엇도 없습니다.

이런 일이 국가에서도 비일비재로 일어납니다. 태국에 가면 40층 고층빌딩이 폐허 상태로 버려져 있는 걸 볼 수 있습니다. 자본이 '다음은 태국이다' 하고 몰려들었는데, 운 나쁘게도 그 직후 불황이 쓰나미처럼 덮친 것입니다. 1997년에 아시아를 휩쓴 외환위기 때문입니다. 그러자 입주를 노려 건설 중이던 공사 자체가 공중에 붕 뜨고 폐허로 남게 된 것입니다. 이처럼 돈벌이가 되면 밀물처럼 몰려들었다가 돈벌이가 되지 않으면 썰물처럼 빠져나가는 것이 바로 자본의 원초적 속성입니다.

이렇게 해서 세계화가 국가와 국민의 문명화에 이바지한다는 말은 거짓임이 밝혀졌습니다. 자본이 추구하는 것은 오로지 이윤뿐입니다. 전 세계에 자본이 뿌려지는 것으로 국가 간의 문명도가 균등해진다는 사고방식이 '평판화 세계'였는데, 이는 완전히 허망한 생각임이 밝혀졌습니다. 그런 자본은 이미 국가를 초월하려 하고 있습니다. 아니, 이미 초월했다고 보는 것이 좀 더 정확할 것입니다. 도요타는 현재 사상 최고의 이익을 얻고 있습니다. 도요타의 연간 매출액을 국가의 경제규모로 환산하면 대략 30위 정도와 맞먹는 엄청난 액수입니다.

도요타만큼은 아니어도 다른 거대한 다국적기업은 중위 국가와 비슷합니다.

일본 기업인 도요타가 천문학적인 이익을 내고는 있지만, 일본인 노동자의 임금이 그에 비례해 올랐다는 이야기를 어디에서도 들을 수 없습니다. 이는 당연한 일입니다. 왜냐하면, 도요타의 시장 목표는 일본이 아니기 때문입니다. 도요타가 주로 이익을 내는 곳은 미국입니다. 일본 내에서의 판매 대수는 연간 100만 대 정도인 데 반해 미국에서는 200만 대가 넘게 팔립니다. 도요타 자동차를 제조하는 곳도 미국과 그 주변국으로, 고용과 납세가 모두 그곳에서 이루어집니다. 매출이 오르면 세금의 형태로 미국정부에 환원되고, 다음 시장 목표인 중국과 유럽에 새로운 자본투자가 이루어집니다.

민족주의적 성향이 강한 일본인과 한국인은 서로 '도요타와 삼성 어느 쪽이 위인가' 하는 식의 무의미한 논쟁을 벌이곤 합니다. 그러나 예컨대 삼성의 경우 전체 주식의 몇 퍼센트가 외국자본인지 한국인들은 잘 모르고 있는 것 같습니다. 삼성의 매출과 이익의 대부분은 해외에서 올린 것입니다. 따라서 삼성이 아무리 잘나가도 한국에 사는 서민의 삶에는 크게 도움이 되지 않습니다. 도요타와 일본의 관계도 마찬가지입니다. 자본과 국민의 삶이 반드시 긴밀한 관계를 갖는 것은 아닙니다.

프랑스 출신 기업들 중에도 순조롭게 이익을 내는 곳이 여러 개 있습니다. 그러나 프랑스 경제 역시 삐걱거립니다. 젊은이의 실업률을 보면 과연 대표적인 선진자본주의 국가인가 싶을 정도로 심각한 수준입니다. 일본이나 한국과는 비교도 안 될 정도로 엄청난 수치입니다. 이것이 성숙한 자본주의 사회의 모습입니다. 근대국가와의 인연이 끊어지면서 자본은 독자적으로 갈 길을 갑니다. 따라서 모든 다국적기업은 출신국가가 있지만, 해당 국가나 국민의 것이라고 보기 어렵습니다. 앞으로도 한국이나 일본에서 세계적으로 유명한 기업이 나올 수도 있지만, 그렇다고 해서 이 나라 국민들의 풍요로운 삶이 보장되는 것은 아닙니다.

일본 정부는 이런저런 이유를 붙여서 국민들에게 내수를 증가해줄 것을 호소하곤 합니다. 이것은 일본 출신 다국적기업에 매출을 보장해줌으로써 국내에 묶어두기 위한 임시 방편에 지나지 않습니다. 내수가 증가한다고 해서 국민의 삶이 풍요로워진다고는 단정할 수 없습니다.

금융으로 먹고살 수 있다는 환상

일본은 산업입국에서 금융입국으로 무게중심이 이동하고 있습니다. 선진자본주의 국가는 어디나 그렇습니다. 어느 국가나 성숙단계에 들어서면 그렇게 됩니다. '그게 뭐 어떠냐, 일본에는 자본이 많으니까 전 세계적으로 그걸 회전시켜서 그 이자로 먹고살면 된다'고 주장하는 사람이 있을 수 있습니다. 그러나 이는 전혀 현실성이 없는 이야기입니다.

미국에서는 레이건 대통령이 재임하던 시절 이와 유사한 정책을 펴서 많은 이익을 얻은 바 있습니다. 먼저, 이자율을 높입니다. 그러면 높은 이자율에 낚여서 전 세계의 자본이 몰려듭니다. 이렇게 모인 자본을 높은 이자율로 서민에게 대출해줍니다. 실제로 당시 이자율이 무려 17%나 되었습니다. 그야말로 고리대금업인 셈입니다. 참고로 당시 일본의 이자율은 5~6%였습니다.

이런 일이 가능하기 위해서는 먼저 세계 경제가 크게 성장하지 않으면 안 됩니다. 투자처의 선택지가 많아야 하기 때문입니다. 이 두 가지 조건이 충족되지 않으면 전 세계에서 돈을 모아 대출해주는 일은 그림의 떡입니다. 이런 조건이 갖춰져 있지 않으므로 세계에 돈이 남아돕니다.

지금 일본은 위의 방법과는 정반대되는 정책을 펴고 있습니다. 일본은행이 '금융완화' 정책을 펴고 있는 것입니다. '금융완화'란 이자를 내리는 정책입니다. 이자를 내리면 일단 국가 경제에는 어느 정도 도움이 됩니다. 국채의 잔액을 그만큼 억제할 수 있기 때문입니다. 그러나 국민 생활에는 전혀 도움이 되지 않습니다. 아무튼, 문제는 더는 이자를 내릴 여지가 없다는 데 있습니다. 현재 거의 제로에 가깝기 때문입니다.

다음은 '양적 금융완화'로 시장에 유통하는 화폐의 양을 늘리는 방법입니다. 그렇다고 해서 지폐를 마음 내키는 대로 찍어내는 것은 아닙니다. 지금은 전자결제이므로 키보드로 숫자를 입력하기만 하면 됩니다. 이렇게 해서 각 은행에 할당액을 정해 빌려줍니다. 은행은 이 돈을 법인이나 개인에게 대출해주어 이자 수익을 올리고 싶겠지만 대출받겠다는 곳을 찾기가 쉽지 않습니다. 일본만 그런 것은 아닙니다. 어느 나라나 다 비슷해 보입니다. 금리가 낮으면 투자를 해도 이윤은 오르지 않습니다. 일본의 경우 무역수지뿐 아니라 이런 금융거래를 포함한 국제수지도 적자입니다. 매우 위험한 상태입니다.

금융입국, 즉 금융으로 나라를 다시 부강하게 만드는 일은 말처럼 쉬운 일이 아닙니다. 아니, 거의 불가능에 가깝습니다. 산업입국, 즉 산업으로 부유한 나라를 만드는 일 역시 어려운 시절입니다. 그 필수조건이었던 인구마저 부족한 실정입니다.

가령 가구당 10억 원을 갖고 있다고 가정해봅시다. 이자율이 1%라고 해도 1년에 이자는 1,000만 원입니다. 이것으로는 살 수 없습니다. 연간 8,000만 원이 필요하다면 한 가구가 준비해야 할 자본은 80억 원입니다. 또한, 많은 가구가 80억 원씩 갖고 있으면 이자율은 더욱 떨어져서 결과적으로 받을 수 있는 금액도 적어질 수밖에 없습니다. 금융으로 먹고산다는 것이 얼마나 비현실적인 일인지 알 수 있습니다. 금융으로 먹고사는 일이 가능한 나라의 인구는 최대 100만에서 200만 명 정도입니다. 참고로, 모나코와 리히텐슈타인의 인구도 3만 5,000명 전후입니다.

단말마의 비명을 지르는 자본주의

자본주의 사회가 이대로 계속 나아가면 자본은 점점 더 많은 이익을 얻지 않으면 안 됩니다. 자본 대부분은 전속력으로 달리다 어느 순간 결국 쓰러지고 말 것입니다. 리먼 브러더스 사태 같은 일이 몇 번 더 일어나면 미국 같은 초강대국조차 다시 일어나기 어려워집니다.

2008년 미국에서 시작해 전 세계를 휩쓸었던 불황은 미국 주택시장의 거품 붕괴가 계기가 되었습니다. 주택 수요를 늘리기 위해 높은 금리의 집을 담보로 돈을 마구 빌려준 것이 문제가 되었습니다. 이것이 몇 년 후에는 회수 불가능한 상태가 되었습니다.

그런데 미국이라는 나라는 현재의 번영을 위해 또다시 같은 일을 반복합니다. 요즘 미국에서는 승용차가 잘 팔립니다. 도요타와 혼다가 불티나게 팔립니다. 독일 차도 잘 나갑니다. 그리고 한때 파산 직전의 상황에 놓였던 GM도 어느 정도 회복되었습니다. 자동차를 많이 팔아 회복된 것이 아니라 저소득자를 대상으로 대출을 시작한 덕분이었습니다. 요즘은 대출금 지급이 연체되면 원격장치로 자동차 운전을 할 수 없게 합니다. '이 조건이 붙어 있는 론loan이면 돈이 없어도 차를 살 수 있어요' 하는 방식입니다. 당장은 아니어도 몇 년 후에는 심각한 문제가 될 것입니다.

경제 체제도 노후화합니다. 인간의 육체와 비슷합니다. 초기에는 다소 무리를 해도 별문제가 없습니다. 그러나 나이가 들면 작은 상처도 쉽게 낫지 않습니다. 가벼운 감기로도 목숨을 잃을 수 있습니다. 자본주의 사회는 인간의 노년기에 해당하므로 작은 문제가 발단되어 단번에 붕괴할 가능성이 있습니다.

이런 상황에서 국가도 믿을 수 없다면 국민은 더는 국민으로 남아 있을 수 없게 됩니다. 결국, 자유민이 되어 자신을 지킬 수밖에 없습니다. 신자유주의, 즉 극단적인 개인주의가 만연한 세상이 될 것입니다. 그들은 국가에서 이탈해 떨어져 나갈 것입니다.

일본의 연금생활자가 해외로 이주하고 있습니다. 연금은 어디서든 받을 수 있기 때문입니다. 그래서 그렇게 하지 못하도록 해야 한다는 이야기가 나돌고 있습니다. 연금수급을 국내 거주자로 한정하면 그들을 국내에 묶어놓을 수 있고 소비를 해줄 것입니다. 그런데 연금에 의존해 생활하는 것은 노동자입니다. 부자가 아닙니다. 이런 사람들까지 '자신만큼은 어떻게 살아남을 수 없을까?' 생각합니다. 달콤한 투자 이야기에 귀를 기울입니다. 이렇게 해서 점점 자본가가 늘어납니다. 일제히 우승마를 타려고 혈안이 됩니다.

1990년대 중반 프랑스에서 자본이 움직일 때마다 세금을 부과하자는 아이디어가 나왔습니다. 그 운동조직이 바로 아탁ATTAC, 시민지원을 위한 금융거래과세추진 연합입니다. 그들이 도입을 호소했던 과세가 '토빈세외환 거래세'입니다. '자본세'라고 불러도 좋을 것입니다. 이 아이디어가 실현되면 자본가들의 무차별 자본 회전을 억제할 수 있다고 생각했습니다. 산업보다 은행이 돈을 버는 세계, 노동자보다 자본가가 돈을 버는 세계, 즉 노동보다 무노동이 돈을 버는 세계에 쐐기를 박으려 한 것입니다.

그런데 이 움직임을 전해들은 프랑스의 자본가들이 일제히 국적을 스위스나 모나코로 바꿔버렸습니다. 부자는 원하면 얼마든지 국적을 바꿀 수 있습니다. 이런 사람들을 환영하는 국가도 있습니다. 그러나 서민은 움직일 수 없습니다. 결국 돈이 있으면 뭐든 할 수 있지만, 돈이 없으면 아무것도 할 수 없습니다. 새로운 세금을 도입해도 대상이 되는 것은 서민과 노동자들입니다. 아탁 운동은 시들해졌습니다. 이렇게 해서 자본주의의 회전에 더욱 박차가 가해집니다. 아무도 멈출 수 없습니다. 방법이 없습니다. 자본주의 사회가 최후에 보여주는 단말마의 비명입니다.

제 2 장

자본 축적에 이용되는 교육

더 나아가 '경제적 가치가 없다'고 평가받는 연구나 학과는
모조리 폐쇄될 것입니다. 법학, 경영학, 자연과학, 의학, 어학처럼
기업에 필요한 학과만 살아남고 예술, 문학, 철학 등의
이른바 비경제적인 학과는 사라질 것입니다.
'그런 것은 개인이 취미로 하라'는 상황이
노골적으로 벌어집니다.

자본가의 이익 증대를 위해 시작된 의무교육

제2차 세계대전 이후 마르크스주의 연구 성과 중에서 가장 주목받은 것이 '재생산' 분야입니다. 일반적으로 공장에서 노동자가 상품을 만드는 것을 생산이라고 합니다. 그러나 노동자의 생산에 현장에서의 그런 직접적인 행위만 포함되는 것은 아닙니다. 간접적인 생산 과정도 중요합니다. 다시 말해 노동력의 재생산 과정입니다. 예를 들어 어떤 노동자가 공장에서 일을 마치고 집에 돌아와 연구한다거나 백화점이나 할인매장 같은 곳을 찾아가 소비를 한다고 가정해봅시다. 그는 이 과정에서 지식을 얻고 활력을 찾은 다음 다시 일터에 나가 공장 밖에서 얻은 그런 지식과 활력을 활용하게 될 것입니다. 이런 일련의 흐름이 직접적인 생산을 하지는 않지만, 간접적으로 생산 과정에 도움을 주고 장기적으로 생산력을 향상하게 돕는 역할을 합니다.

이 재생산 과정에 꼭 필요한 것이 바로 교육입니다. 특히 19세기 후반에서 20세기에 이르는 근대 자본주의 사회에서 교육은 그 어느 때보다 중요했습니다. 교육은 자본을 확대하기 위한 최상의 도구입니다. 초기교육은 기본적으로 생산성이 뛰어난 노동자를 만들기 위한 교육이었습니다.

자본주의 질서를 구축하기 위해 모든 학교에서 마치 군대나 교도소처럼 일사불란하고 엄격하게 교육이 이루어졌습니다. 아침 7시면 어김없이 일어나 8시 반이면 칼같이 학교에 집합해 진지함과 엄격함으로 무장한 선생님에게 수업을 받습니다. 그리고 오후 3시가 되면 집으로 돌아갑니다. 여기서 '노동은 훌륭하다', '인간은 사회에 봉사하기 위해 태어났다', '윗사람의 말을 무조건 복종해야 한다'와 같은 이데올로기를 머릿속에 주입하고 노동자가 지녀야 할 기본 자질을 교육받습니다. 이는 말하자면 일종의 감시 체제에 의해 이루어지는 예의범절입니다.

1850년대에 유럽에서 '의무교육'이라는 개념이 맨 처음 생겨났습니다. 의무교육이 확립되기 전 노동자의 자녀는 누구나 할 것 없이 여섯 살만 되어도 생산현장에 투입되어 일해야 했습니다. 그러나 워낙 어려서 체력도 약하고 머릿속에 쌓인 지식도 거의 없다 보니 당시의 자본주의가 요구하는 고도의 생산성을 감당해낼 수 없었습니다. 그렇습니다. 기본적인 읽고 쓰기를 하지 못하는 사람은 기계조차 다룰 수 없습니다. 그러니 노동자의 생산성이 향상되지 않는 것은 당연합니다.

일본의 의무교육은 맨 처음에는 4년이었습니다. 이것이 6년으로, 다시 얼마 후 9년으로 늘어났습니다. 그리고 머지않아 고등학교도 의무교육으로 바뀔 가능성이 큽니다. 이런 교육 시스템으로 국가의, 자본주의 사회의 요구를 충족시켜주는 다음 시대의 노동자를 육성합니다.

그런데 재생산 과정에서 이루어지는 교육은 이것만이 아닙니다. 유능한 노동자는 동시에 유능한 소비자가 됩니다. 상품을 만들면 저절로 팔리는 시대가 아닙니다. '어떻게 해야 팔릴까'를 찾는 감각과 기술이 필요합니다. '이런 것이 있으면 좋겠다' 하는 소비자의 심리와 '이런 것이 잘 팔리지 않을까' 하는 노동자의 아이디어는 서로 동전의 양면을 이룹니다. 교육으로 이런 감성과 능력을 길러내는 것입니다. 효율적으로 생산하고 효과적으로 소비합니다. 이것이 자본주의가 노동자에게 요구하는 자세입니다.

'행복이란 무엇인가', '어떻게 하면 행복해질 수 있을까' 이런 문제에 대해 생각하고, 그 결과로 '자본주의 사회에 사는 행복'을 느낄 수 있도록 감성교육을 받습니다. 학교생활을 즐거워하는 아이는 직장생활을 즐거워하는 어른으로 성장합니다. 이런 과정을 거쳐 자본주의의 재생산 과정에 편입됩니다.

공적 보험제도를 없애려는 민간보험회사들의 음모

지금은 환태평양경제동반자협정(TPP. 이후 TPP로 표기함-옮긴이) 문제가 보류되었지만 머지않아 다시 제기될 것입니다. 미국은 절대 포기하지 않습니다. 이것은 미국형 자본주의에 있어 가장 중요한 문제를 품고 있는 사안이기 때문입니다. 농업 5품목이 이러니저러니 하는 표면적인 이야기에 말려들면 그 본질을 오해하거나 놓칠 수 있습니다.

기본적으로 TPP는 정치적, 이데올로기에 관한 문제입니다. 원래 TPP는 기밀로 지켜져서 외부로 정보가 새어나가지 않게 되어 있었습니다. 그러던 것이 위키리크스Wikileaks 등을 통해 폭로되고 외부에 알려졌습니다. 좀 더 자세한 내용을 알고 싶은 사람은 위키리크스 폭로 내용을 참고하기 바랍니다.

요점은 보험제도와 교육, 크게 두 가지입니다. 먼저, 보험제도에 관해 이야기해봅시다. 일본의 보험은 국가가 중심이 되어 건강보험,

국민연금, 후생연금, 혹은 공제연금을 운영합니다. 말하자면 일정 정도 사회주의적인 제도를 유지해왔습니다.

자본주의 이데올로기 안에서 이런 제도는 '당치 않은 것'으로 간주합니다. 그 이데올로기를 요약하면 대략 이렇습니다. '보험은 개인의 책임으로 하는 것이다. 자신의 월급에서 장래에 대비해 일부를 떼어 모아두는 사람이 부자 아빠다. 가난한 아빠는 그때그때 번 돈을 몽땅 술 마시고 도박하는 데 탕진하므로 가난한 것이다. 그러므로 그는 나중에 힘들어져도 상관없다는 태도다.'

사회주의적 보험제도를 없애버리면 어떻게 될까요? 민간보험회사가 등장하여 그 역할을 대체할 것입니다. 일본인 전체가 대상이 되니까 엄청나게 큰 시장입니다. 이것을 AIA 같은 미국 자본의 보험회사가 호시탐탐 노리고 있습니다. 일본의 보험회사도 세계 자본가들의 투자 대상이 됩니다. 비즈니스 기회라고 하면 어쩔 수 없지만 일본 사회는 근본부터 뒤바뀔 가능성이 큽니다. 미국형에서 '미국 그 자체'가 됩니다. 그리고 일본 사회에 있던 사회주의적 요소는 일소됩니다.

'경제 가치'가 없는 학과를 폐쇄하는 대학들

이보다 더 큰 변화를 초래하는 것이 교육문제입니다. 알기 쉬운 예로, 지금 유럽과 미국에서 추진하는 대학 개혁 내용을 봅시다. 이는 대서양판 TPP의 일환입니다. 쉽게 말해 프랑스 대학과 미국 대학의 기준을 통일하는 것으로 생각하면 됩니다. 프랑스에는 국가의 사회문화를 유지해온, 일본의 기준으로 보자면 도쿄대학이나 교토대학 같은, 아니 그보다 더 중요한 국립대학이 많습니다. 이것을 전부 민영화하려는 것입니다.

일본은 제도적으로 이미 이것을 시행하고 있습니다. 국립대학은 독립 행정법인이 되었습니다. 단, 외관만은 예전의 국립대학과 별반 다르지 않습니다. 미국의 영향력이 좀 더 강해지면 지금과 같은 상태로 유지되기는 아마도 어려울 것입니다. 그들의 뜻에 따르지 않으면 '폐쇄적이며 비민주적이다'라는 치명적인 평가가 뒤따라 나올 것이기 때문입니다. 이에 적절히 대응하지 못하는 지방의 국립대학은 머지않아 문을 닫게 될 것입니다.

대학이 독립조직이 되려면 우선 독립된 예산을 편성해야 합니다. 아직은 국가에서 재정지원을 해주고 있지만, 이에 대해서도 그들에게 불리하다 싶으면 '부정한 지출이다. 자유로운 경쟁을 방해하는 원흉이다'라는 식으로 제재를 가하고 철퇴를 내리려 할 것입니다. 그렇게 되면 대학은 운영자금을 자신의 힘으로 벌고 충당해야 합니다. 이런 흐름이 정착되면 학비는 대폭 인상되고 가난한 아빠의 우수한 자녀는 교육받을 기회를 원천적으로 박탈당하게 됩니다.

더 나아가 경제적 가치가 없다고 평가받는 연구나 학과는 모조리 폐쇄될 것입니다. 법학, 경영학, 자연과학, 의학, 어학처럼 기업에 필요한 학과만 살아남고 예술, 문학, 철학 등의 이른바 비경제적인 학과는 사라질 것입니다. '그런 것은 개인이 취미로 하라'는 상황이 노골적으로 벌어집니다. 장기적인 전망을 보이는 학문에서 단기적으로 효율을 올리는 학문으로 변환됩니다. 체력이 약한 대학은 자격취득을 위한 전문학교가 될 수밖에 없습니다. 이런 상황에서 손쉽게 학생을 모으는 방법은 영어를 가르치는 것입니다. 영어 실력을 갖추는 일이 수단이 아닌 목적이 됩니다.

미국과 영국에서 사립대학이 주류를 이루는 이유

미국인의 관점에서 세계 최고의 대학은 하버드대학, 예일대학, 스탠퍼드대학 등으로 전부 사립대학입니다. 영국에서도 케임브리지대학은 사립대학입니다. 옥스퍼드대학은 국립이지만 다른 나라의 국립대학과 비교하면 상당한 독립성을 유지하고 있습니다. 이처럼 미국과 영국에서 대학은 사립이 주류를 이룹니다.

이 가운데 하버드대학은 20조 원이나 되는 막대한 운영자금을 보유하고 있고, 이 돈을 주식이나 금융상품에 투자합니다. 보기에 따라서는 자본주의의 본보기라 할 만한 조직인 셈입니다. 하버드대학은 막대한 자금력을 바탕으로 자신의 대학 문화가 얼마나 훌륭하고 고결한지 전 세계에 선전하고 적극적으로 홍보합니다. 학생에게 고액의 납부금을 받고, 부유한 사람이나 기업에 거액의 기부금을 받고, 대학 인지도를 과대포장하고 홍보하면서 더욱 브랜드 가치를 높이고 영향력을 확대합니다.

대학 자체가 워낙 홍보의 귀재에다 장사의 천재라서 이곳에서 운영하는 경영대학원과 로스쿨은 대단한 대중 설득력을 갖고 있습니다. 이런 대학의 능력을 평가하는 무디스나 스탠더드 앤드 푸어스Standard & Poor's 같은 신용평가기관까지 있을 정도입니다. 예를 들면 하버드대학은 뛰어난 운영능력으로 언제나 최고 점수인 3A에 오릅니다. 일본에도 3A인 대학이 있기는 합니다. 내가 교수로 근무하는 가나가와대학은 2A입니다. 낮은 곳은 1A, 심지어 마이너스 점수를 받는 대학도 있습니다. 다른 나라의 대학까지 등급을 매기다니 참 오지랖도 넓고 쓸데없이 참견도 잘합니다. 선진자본주의의 최전방에 서 있는 미국적 마인드로 보면 대학도 금융상품과 별반 다를 바 없어 보이는 것입니다.

대학은 본래 순위 따위로 경영 능력이나 우수성을 측정하고 평가할 수 있는 성격의 기관이 아닙니다. 그러나 미국형 사고방식이 활개를 치면 '왜 당신 대학은 순위가 오르질 않나. 하버드대학에 노하우를 좀 배워야겠다' 하는 식이 되기 쉽습니다. 어쩌면 학생 처지에서는 그 편이 좋다고 생각할 수도 있지만, 이런 상황에서 필연적으로 대학의 자주성은 훼손되고 사라질 수밖에 없습니다. 이렇게 해서 세계의 대학들이 하버드대학 같은 미국 유명대학의 산하에 들어갑니다.

얼마 전에도 문부과학성이 전국 대학에 통지를 내렸습니다. 그 내용을 보면, 2015년 3월까지 대학의 새 규정안을 제출하지 않으면 안 됩니다. 국립대학이 민간기업화한다고 하면 독립적인 존재가 된다고 착각하기 쉬운데, 실상은 오히려 그 반대입니다. 국가의 간섭과 통제가 오히려 더 심해지는 것입니다. 또 대학이 민영화된다는 것은 자본주의 사회의 감시를 받게 됩니다.

지금 일본 대학의 운영은 각 대학의 자율에 맡깁니다. 교수회가 주체인 곳도 있고, 이사회가 운영하는 곳도 있습니다. 이것을 학장이 중심이 되고 이사회가 지원하는 체제로 바꾸려는 것이 문부과학성의 속내입니다. 교수회는 거의 권한을 갖지 못합니다. 인사권도 없고, 중고교 직원회의 같은 연락기능으로 전락합니다.

참고로, 독일과 프랑스 대학은 국공립이 주류를 이룹니다. 그러나 국가의 뜻대로 모든 것이 진행되지 않습니다. 대학들은 국가의 압력과 압박에 거세게 반발합니다. 프랑스에는 2007년에 당시 대통령이었던 사르코지의 입김이 들어간 법안이 만들어졌습니다. 당시 교육부 장관의 이름을 따서 '페크레스법Pécresse loi'이라고 불립니다. 이 법에 따르면 학장은 전원담당 장관이 임명합니다. 교원 인사는 톱다운 방식입니다. 교수회에서 결정한 것을 전혀 인정하지 않습니다. 각 대학의 경영과 능률을 순위 매겨 높은 곳부터 차례로 보조금을 분배합니다.

이 법안에 대해 학생들은 일주일 넘게 데모를 해서 의회 통과를 일단 저지했습니다. 유럽에서는 아직 대학 문화가 강하게 남아 있어서 이런 저항이 있었지만 일본의 학생은 모든 일에 무관심하므로 어려움 없이 통과하지 않을까 두렵기까지 합니다.

같은 교육과정으로 '대충 우수한' 인재를 대량생산하라

의무교육에서는 어느 정도 통일된 지식을 공유해야 할 필요가 있습니다. 그러자면 교과서 검열도 어느 정도 필요할 겁니다. 반면에 고등학교나 대학에서는 무엇을 배우든 자유입니다. 특히 대학은 개성을 원합니다. 독자적인 교육을 펴고 싶다는 바람을 갖지 않는 대학은 아마 없을 것입니다. 그렇지 않으면 학교 문을 여는 의미가 없을 뿐만 아니라 대학 경영의 목적은 단순한 돈벌이에 있는 것이 아니기 때문입니다.

그런데 국가는 그렇게 생각하지 않습니다. '교육은 균질화해야 한다. 그것이 민주적이다. 독선적인 교육을 하는 것은 인정할 수 없다'고 생각합니다. 자본주의 사회의 요청이라는 측면에서 봐도 대학교육은 사회적 인재를 만들기 위한 마지막 공정입니다. 기본은 '같은 교과서, 같은 교육과정으로 대충 우수한 인재를 대량생산하라'는 것입니다. 그것으로 생산성은 확실히 올라갑니다. 단, 모든 학생이 긴타로아메(어느 부위를 잘라도 전래동화의 주인공인 긴타로의 얼굴이 나오도록 만든 가락엿)처럼 똑같으면 기업 간 차별화를 꾀하기 어려워지므로 '적당한 개성'은 필요하다고 주장합니다. '그 대신 태업이나 정치적 편향으로 이어지는 무익한 것을 가르쳐서는 안 된다'며 자기 편한 대로 기대합니다.

대학 경영 측은 어떻게 될까요? '그럼 다른 곳과 똑같이 하자' 하고 안이하게 생각해버립니다. 특히 상위권 내에서도 하위권에 있는 대학이나 중위권 대학은 그렇게 됩니다. 도태되지 않도록 경합을 피합니다. 대학 내의 논의보다 대학 간의 논의가 증가할 것입니다. 그럼 대학 간의 차이는 없어집니다. '나는 도쿄대학보다 교토대학이 좋다'고 생각하는 학생이 사라집니다.

대학의 차이는 오직 등급에 의해서만 정해집니다. 경쟁에 약한 학교의 전략은 하나뿐입니다. '우리 대학은 들어오기는 쉽지만 일단 들어오면 사회에 도움이 되는 학문만 철저히 배운다. 사회에 나가서 도움이 되지 않는 일에는 시간을 낭비하지 않는다. 압도적으로 취직에 유리하다.' 이것뿐입니다.

하지만 대학은 그런 곳이 아닙니다. A라는 강사, B라는 강사가 있고, 가르치는 내용이 다르므로 좋은 것입니다. '어떤 사고방식을 선택하는가는 학생의 자유다. 최후에 어떤 사고에 이르게 될지도 학생의 자유다'라는 전제가 있어야 비로소 자유로운 학문을 지켜나갈 수 있습니다. 대학은 그런 자유로운 학문을 허용하고 제공해야 합니다. 학생이 지금 수업으로는 부족하다고 생각하면 다른 대학이나 학부에서 수업을 받아도 좋습니다. 소개장은 얼마든지 써줍니다. 제적당하지 않습니다. 물론 학점은 인정되지 않겠지만 말입니다. 하지만 배우려는 의지만 있으면 뭐든지 배울 수 있습니다.

좀 더 엄밀히 말하자면, 대학은 학생을 위해서만 존재하는 것은 아닙니다. 사회를 위해 존재하는 것이 바로 대학입니다. 사회에는 노인도 있고, 어린이도 있고, 외국인도 있습니다. 그런 사회의 다양성을 개인의 사고의 다양성으로 전환하는 역할을 감당해야 합니다. 국가가 망해도 일부 대학은 살아남게 될 것입니다. 따라서 대학도서관은 취업활동이나 기업의 이해관계와 전혀 무관한 서적도 기꺼이 사야 합니다.

대학도서관은 애초부터 국가에서 독립한 개념입니다. 중세시대에 유럽의 많은 대학은 교회 소유였습니다. 일본에도 오래된 대학은 불교계입니다. 그것이 지금은 종교에서 독립해 제3의 존재가 된 것입니다. 그런 맥락에서 다시 대학의 자주독립의 의미를 물을 시기가 된 것이 아닐까요?

'어른의 사고력'을 키우지 못하게 방해하는 자본가들

예전에 일본에는 '유토리여유 교육'이란 것이 있었습니다. 비록 행정적으로는 실패했지만, 실행하는 측의 실패일 뿐 그 이념은 아직도 유효하다고 생각합니다. '여유'가 나쁜 것이 아니라 '방식'이 잘못되었습니다. 인간은 초기 성장 단계에 최소한의 지식을 주입해야 하는 시기가 있습니다. 이 단계에서는 집중적으로 배워야 합니다. 영어도 중요과목이라고 해서 날마다 조금씩 할 게 아니라 3개월간 그것에만 온전히 몰입해서 배우면 누구나 어렵지 않게 습득할 수 있습니다. 오히려 이렇게 해야 질리지 않고 할 수 있습니다. 공부란 그런 것입니다.

중학교를 졸업하고 고등학교에 진학하면 좀 더 '여유'가 있어야 합니다. 평소에 멍하니 있다가도 이때다 싶을 때 집중적으로 머리를 쓰면 됩니다. 교과에서는 절대로 배울 수 없는 것을 생각하는 힘을 키우는 시간입니다. 찬성파와 반대파로 나눠 벌이는 토론도 굳이 필요하지 않습니다. 혼자 생각해도 되고 집단으로 생각해도 됩니다. 이것이 바로 '연구'라는 것입니다. 따라서 대학교육은 어른의 사고력을 키우는 자리입니다. 사회에서는 나쁘다고 하는 것들에 대해서도 왜 나쁜지, 아니면 나쁘지 않은지 생각합니다. 예컨대 '커닝은 용서할 수 있지만 대리시험은 안 된다'는 논점도 나올 수 있습니다. 무엇이 나쁘고 무엇이면 용서될까요? 이러한 논점에 관해 생각할 기회는 사회에 나오면 거의 없습니다.

사회에서는 커닝과 대리시험, 둘 다 허용하지 않습니다. 전부 '반사회적'으로 인식되기 때문입니다. 일본에서는 일부 향정신성 약을 '탈법 드럭'이라고 부릅니다. 이 역시 허용되지 않습니다. 그런데 '명확히 불법행위는 아닌데, 탈법이라고 하는 것은 왜일까?'라는 의문이 생깁니다. 최근에는 '탈법 드럭'이라는 말 대신 '위험 드럭'이라는 용어를 사용합니다. 아무튼, 그런 의문에 대해 '위험 드럭을 복용하고 차를 운전하는 멍청이가 있으므로 인정할 수 없다'는 의견이 나오고, 곧이어 이런 이견이 이어집니다. 그럼 알코올 섭취는 위법일까요? 술을 마시고 차를 운전하는 것은 위법이지만 집에서 술 마시는 것은 법에 저촉되지 않습니다. 이런 식으로 기존의 '상식'을 하나씩 파괴하며 자기 생각을 정리합니다.

'반사회적'이라는 개념이 지니는 의미는 상당히 광범위합니다. 요즘 학생들은 이 방면의 훈련이 부족합니다. 또 하나의 문제는 자기만의 경험에 근거한 관점을 갖지 못했다는 점입니다. 요즘 학생 중에서

리트머스 시험지가 붉은색으로 변하거나 푸른색으로 변하는 실험을 제대로 해본 사람이 과연 얼마나 될까요? 어느 학교나 시설이 잘된 실험실과 시청각실이 갖춰져 있는데도 먼지만 부옇게 쌓여 있습니다. 리트머스 시험지가 무슨 색으로 변하는지 교과서로 배우면 충분하다는 사람도 있습니다. 하지만 반의 모든 학생이 똑같은 시료로 실험했는데 붉은색으로 변하는 것도 있고 보라색에서 멈추는 경우도 얼마든지 있습니다.

왜일까요? 과학은 눈앞에서 일어난 현상에 대한 의문에서부터 시작됩니다. '당연하다'고 선을 그어버린 시점에 진보의 가능성은 없으며 큰 변화를 만드는 작은 이변을 눈치채지 못하게 됩니다. 이런 수업을 하다 보니 학교에 가지 않고 집이나 학원에서 공부하는 것이 낫다고 생각하는 부모가 나옵니다. 식물도감만 보고 버섯을 따러 갔다가 독버섯을 먹게 되는 것입니다.

인쇄된 내용에만 의존한 교육에서 벗어나는 것이 '유토리 교육'의 원점이었습니다. 그러나 뚜껑을 열어보니 짧은 시간에 그저 교과서를 읽기만 하는 피상적인 수업이 되어버렸습니다. 이래서는 질도 양도 모두 기대하기 어렵습니다. 2014년에 금목서(10월경에 등황색 꽃이 피는, 향기가 짙은 상록 교목)가 두 번이나 피었는데, 이것을 알아챈 사람이 과연 몇이나 될까요? 우리는 전혀 예측하지 못한 일이 쉴 새 없이 일어나는 세계를 살고 있으므로 거짓교육을 버리고 참교육을 해야 합니다.

자기 머리로 생각하지 못하면 자본주의의 노예가 된다

'인생의 행복이란 무엇일까? 자유롭게 산다는 것은 또 무엇일까?' 마지막으로 다시 한 번 이 주제에 대해 생각해봅시다. 이 질문에 '나는 행복하다, 더 바랄 게 없다'고 대답했다고 가정해봅시다. 이런 신선 같은 사람이 우리 주위에는 드물게 있습니다. 선진자본주의 국가의 도시에도, 거의 공업화되지 않은 지역의 깊은 산 속에도 있을 것입니다.

만일 세상에 온통 이런 사람들뿐이라면 어떻게 될까요? 그렇게 되면 난처해질 종자가 있습니다. 바로 자본가와 그 떨거지들입니다. 그들에게 필요한 것은 대중의 '불안'과 '갈망'입니다. '항상 뭔가가 부족하다'고 느끼며 날마다 쫓기는 생활을 하는 우리의 팍팍한 삶이 그들에게 활력의 원천입니다. 모든 사람이 '나는 아무것도 하지 않아도 아름답다', '인간은 외모로 평가받아서는 안 된다'고 생각하면 미용 관련 상품은 팔리지 않습니다. '여름이니 더운 게 당연하다'고 생각하면 에어컨은 팔리지 않습니다. 백화점의 전자제품 판매율도 떨어집니다. 사행심이 없으면 도박업은 망합니다. '혼자 집에 있어도 불안하지 않다'는 사람들뿐이면 통신업은 두 손 들 수밖에 없습니다. '시간이 남아서 좋다'고 하면 따분함을 해소하는 아이디어로 돈을 버는 산업은 망합니다.

자본주의 사회에서는 상품을 팔고 싶으면 대중의 '불안'과 '갈망'을 교묘한 방법으로 부채질합니다. '아직도 낡은 버전을 사용하십니까?', '영어를 못하면 국제화 시대에 뒤처집니다'라고 호들갑을 떨며 우리를 소비시장으로 마구 내몹니다. 이때 대중의 소비충동을 구매로 이어지게 하려면 어느 정도 임금을 올려주어야 합니다. 더욱 소비시키기 위해서입니다.

이런 악순환이 오늘날 자본주의 사회의 기본 구조이자 작동 메커니즘입니다. 즉, 세상의 시스템은 우리가 재생산하는 것이 전제됩니다. 우리는 일하는 기계, 소비하는 기계가 아닙니다. 본래의 의미에서 자유롭게 생각하고 자유롭게 사는 동물입니다.

여기서 '직원은 5시에 퇴근하세요. 자신의 시간을 확보하고, 가족과 함께하는 시간을 적극적으로 만드세요' 식의 말을 하는 사장이 나옵니다. 확실히 이해심 있고 너그러운 사장입니다. 무임금으로 야근을 시키는 악덕 기업 사장보다는 훨씬 나을 것입니다. 그런데 노동자는 곧장 집에 돌아가 밥을 먹고 잠을 자는 것이 아닙니다. '쇼핑하러 가자, 술 마시고 2차로 노래방에 가자' 하며 자유 시간을 즐깁니다. 혹은 집에 돌아가 아내에게 자녀의 성적을 물어봅니다. '늘 나더러 알아서 하라더니 무슨 바람이 불었느냐'라며 아내는 고개를 갸웃거립니다. '자유'로운 시간이 생기면 자연스럽게 자녀의 학업에 신경을 쓰고 장래를 걱정합니다. 자녀 교육에 좀 더 투자해서 자신이 다녔던 대학,

자신이 일하고 있는 업계에 취직시키자는 생각을 하게 됩니다. 앞의 사장은 이런 것까지 머리에 넣고 있습니다. 회사 직원이 '재생산할 수 있다'고 생각하는 사장은 쉬게 해주려 하고, 반대로 '하나같이 멍청이들뿐이다. 그러니 이용당하는 것이다. 내가 최대한 일하게 해주마' 하는 생각을 하는 사람이 있습니다. 그 차이입니다.

재생산으로 연결하는 것은 우리에게 있어 진정한 자유는 아닙니다. 진정한 자유라면 '오늘은 일 생각하지 말자. 게임도 스마트폰도 생각하지 말자. 진짜 인생에 대해서 생각하자' 하는 식이 되어야 합니다. 이는 게으른 것이 아닙니다. 인생의 또 다른 가치를 묻는 것입니다.

『3년 잠꾸러기』라는 만화가 있습니다. 여러 버전이 있는데, 대개는 일도 하지 않고 잠만 자던 주인공이 어느 날 갑자기 일어나 위기에 처한 사람들을 구한다는 내용입니다. 옛날 일본인은 알고 있었습니다. 노동자는 '가능한 한 일하지 않는다. 가능한 한 소비하지 않는다. 답이 나올 때까지 자기 머리로 생각한다.' 그것이 행복의 지름길이라는 것을 말입니다.

제3장

민주주의와 개인주의

유대교와 이슬람교는

자본주의를 만들어낼 수 없었습니다.

오직 기독교만 그것을 만들어낼 수 있었습니다.

왜일까요? 독일의 막스 베버는

이 물음에 “기독교는 ‘철저한 개인’을

만들어냈기 때문이다”라고 말했습니다.

정치에서 독립한 경제, 자본주의의 절대 강자가 되다

자본주의의 본질에 대해 생각해봅시다. 그러자면 자본주의 사회에서의 민주주의를 먼저 짚고 넘어가지 않을 수 없습니다. 자본주의 사회에서의 민주주의, 그것은 한마디로 환상 그 자체라고 할 수 있습니다. 민주주의가 자본주의 사회에서만 가능하다는 생각 역시 착각에 지나지 않습니다.

경제와 정치의 분리는 근대국가를 상징하는 가장 중요한 개념 중 하나입니다. 경제가 정치에서 분리될 때 봉건국가는 비로소 근대국가로 전환됩니다. 봉건사회에서는 경제와 정치를 좌우하는 국왕과 제후, 지주와 그 아래에서 이득을 취하는 상인이 계급관계에 의해 명확히 구분되고 규제되었습니다. 농민이나 직인수공기술자 역시 마찬가지였습니다. 우리에게 익숙한 용어로 말하자면, 그들은 '사농공상'에 속합니다.

중세시대에는 정치권력자의 승인을 받아야만 장사를 할 수 있었습니다. 즉, 백성의 경제활동 권리를 직·간접적으로 정치권력자가 쥐고 있었습니다. 이처럼 경제는 언제나 정치에 의존했으며 서로 떼려야 뗄 수 없는 관계였기에 독자적으로 발전해가는 데 한계가 있었습니다.

근대국가가 등장하면서 서서히 새로운 흐름이 형성되었습니다. 즉, 경제가 정치에서 분리되기 시작한 것입니다. 하나로 통합돼 있던 경제학부와 법학부가 나뉜 것 역시 그러한 변화의 연장선에서 일어난 일입니다. 경제학은 정치, 즉 국가의 활동에 좌우되지 않고 경제 메커니즘 그 자체에 의해 움직입니다. 예컨대, 불합리하게 비싼 가격을 매긴 상품은 시장에 제대로 자리 잡기 어렵습니다. 반대로 경쟁상품보다 값을 대폭 낮춘 상품에는 구매자가 몰려듭니다. 이런 일은 법률과 정치의 개입 없이도 시장 원리에 따라 자연스럽게 이루어집니다. '이 상품은 사라', 혹은 '사지 마라' 하는 식의 정부 명령으로가 아니라 가격 조정이라는 단순한 요소로 팔리는 상품과 팔리지 않는 상품이 생깁니다. 이렇듯 경제 이론만으로 인간관계는 물론이고 전반적인 사회 현상을 설명할 수 있다는 점이 자본주의 사회의 가장 중요한 특징입니다.

그러나 자본주의 사회에서도 기본적인 정부의 개입이나 어느 정도의 정치적 조절은 물론 존재합니다. 특정상품의 수요를 조절하기 위해 정부가 높은 세금을 매기는 일이 그런 경우입니다. 예컨대, 술과 담배가 그렇습니다. 이런 상품에 면세 혜택을 준다면 아마도 날개 돋친 듯 팔려 나갈 것이고 그로 인한 부작용이 심각할 것입니다. 이런 예외적인 경우를 제외하면 경제 자체가 가진 자동조절 기능만으로 세계는 문제없이 돌아갑니다.

봉건사회에서는 농민계급이 자기 마음대로 경작지를 버리고 장사를 시작할 수 없었습니다. 그러나 자본주의 사회에서는 이런 일이 얼마든지 가능합니다. 이렇듯 사회 시스템이 혁명적으로 바뀌고 경제가 정치에서 분리된 그 순간부터 경제는 독자적으로 움직이기 시작했습니다. 그와 동시에 자본주의라는 사고방식의 기본적인 바탕도 형성되었습니다.

마르크스는 왜 경제 불평등 요소를 문제 삼지 않았을까

봉건사회의 붕괴로 인해 민주주의라는 개념이 생겨났습니다. 자본주의 사회에서 정치에 참여하는 모든 사람에게 예외 없이 한 사람당한 표의 투표권이 보장됩니다. 특정 국가의 국민인 이상 지위의 높고 낮음이나 재산의 많고 적음과 상관없이 동등한 가치를 보장받습니다. 적어도 형식상, 외형상은 그렇습니다.

이른바 민주주의 사회에서는 모든 인간이 평등한 것처럼 보이지만 조금만 깊이 들어가도 그렇지 않다는 것을 명확히 알 수 있습니다. 다시 말해, 정치적으로는 평등할지 몰라도 경제적으로는 그렇지 않습니다.

민주사회는 경제적인 힘이 정치에 영향을 미치는 것을 원칙적으로 인정하지 않습니다. 또한, 구체적인 매수행위를 법률로 금하고 있습니다. 그러나 이는 어디까지나 이론상, 형식상으로만 맞는 얘기입니다. 외형적으로는 경제가 정치에서 완전히 분리돼 있습니다. 게다가 서로에게 그다지 관심이 없어 보이고 별다른 영향을 미치지 않는 것처럼 여겨지지만, 사실은 그렇지가 않습니다. 정치와 경제는 봉건사회에서처럼 노골적으로는 아니더라도 매우 교묘한 방식으로 굳건히 연결돼 있으며 서로에게 강력한 영향을 미치고 압력을 행사합니다.

왜 봉건사회에나 남아 있던 이런 밀착관계가 민주주의를 표방하는 자본주의 사회에서도 사라지지 않고 여전히 존재하는 걸까요? 『자본론』의 저자 마르크스는 이 문제를 집중적으로 고민하고 연구했습니다. 즉 경제와 정치가 분리되었을 때 경제 안의 불평등한 요소를 문제 삼지 않았습니다. 알았지만 묵인한 것입니다. 그는 경제 안의 평등은 기회 평등을 부여한다는 식의 논리에서 끝내버렸습니다. '기회 평등'이란 누구나 의지와 노력만 뒷받침된다면 부자가 될 수 있다는 '가능성의 평등'입니다.

자본주의 불평등의 근원, 상속권

마르크스는 프랑스혁명을 예로 들어 이 문제를 집요하게 파고들었습니다. '자유·평등·박애'의 세 가지 가치가 이 혁명에서 선포되었는데, 그중에서도 특히 '평등'의 의미를 명확히 이해하지 않으면 안 됩니다. 간략히 정리하자면, 자본주의 시스템은 이에 대해 다음과 같은 논리를 내세웁니다.

"여기에서의 '평등'은 기회평등을 의미한다. 즉 농민이라도 상인이 될 수 있고, 혹은 반대로 상인에게도 농업을 할 기회가 주어진다. 이른바 '직업 선택의 자유'가 부여되는 것이다. 그러나 그렇다고 해서 가난뱅이가 무조건 부자가 되는 것은 아니다. 간절히 바란다고 해서 누구에게나 그런 행운을 주지도 않는다. 그러나 어쨌든 도전은 해볼 수 있다. 가난뱅이가 갑자기 부자가 되기는 어렵겠지만, 그 자녀나 자손들의 출발선은 부자의 자녀나 자손과 평등하다."

실제로는 어떨까요? 대대로 부자인 집안에서 태어난 아이가 가난뱅이가 될까요? 어지간히 운이 나쁜 사람이 아닌 한 부자의 자녀는 가만히 있으면 저절로 부자가 됩니다. 마르크스는 이 점에 주목했고 뭔가 잘못됐음을 깨달았습니다.

이 문제의 근원은 '상속권'에 있었습니다. 상속권은 절대적인 소유권의 근저에 있는 것으로, 부모가 소유한 재산을 자녀도 소유할 수 있는 권리입니다. 21세기 현대 자본주의를 사는 우리는 대부분 이것을 옳다고 여기는 경향이 있습니다. 그러나 사실 상속권은 애초부터 주어진 당연한 권리가 아니었습니다. 왜냐하면, 부모에게 재산을 상속받는 사람과 그렇지 못한 사람의 출발선은 같을 수 없으므로 평등의 기회를 박탈하기 때문입니다. 이 권리가 폐지되면 부모가 소유했던 재산은 일단 국가나 특정 공동체로 넘어가 다른 사람들에게 재분배됩니다. 따라서 완전한 평등을 원한다면 무엇보다 먼저 상속권을 폐지하거나 제한해야 했습니다.

'자유와 평등, 두 가지 가치와 이념 가운데 어느 쪽이 더 중요할까요?' 프랑스혁명을 주도한 사람들은 애초에 이 문제를 논의했으며, 가장 중요한 토론 주제였습니다.

니콜라 사르코지 전 프랑스 대통령은 학교 역사과목에서 가르치는 프랑스혁명에 대해 지극히 초기(로베스피에르Maximilien de Robespierre 1758~1794가 전면에 등장하기 전까지)의 일들을 기술하는 것으로 한정하는 내용을 법제화하려고 시도했습니다. 그러나 그의 시도는 실패로 끝이 났습니다.

사르코지는 왜 이런 일을 추진했을까요? 프랑스혁명이 자본주의의 측면에서는 꽤 곤혹스럽고 불리한 역사이기 때문입니다. 사실, 프랑스혁명 후반 부분은 일본 학교에서도 자세히 가르치지 않습니다. 그 사실을 안 젊은 세대가 자신의 사회에 의문을 품게 될지도 모르기 때문입니다.

로베스피에르는 공포정치의 극단을 보여준 인물로 후세에 악명을 떨치고 있습니다. 그의 공포정치는 지나친 경제적 자유를 제한했는데, 그 과정에서 집중 표적이 된 것이 상인들이었습니다. 상인들은 혁명으로 자유를 얻은 뒤 밀 등의 생활필수품을 사들여 비싼 값에 팔아 이익을 얻었습니다. 이미 어느 정도 재산을 축적한 그들은 자유를 억압하고 상속권을 인정하지 않는 정부의 규제에 격렬히 반대했습니다. '자신의 재산을 자식에게 양도하는 것 역시 인간이 당연히 누릴 자유가 아니냐'는 것이었습니다. 결국, '평등'의 문제는 부분적인 것으로 인정되어 기회의 평등으로 타협점을 찾게 되었습니다.

프랑스혁명의 치명적인 함정

오늘날 로베스피에르는 무서운 독재자이자 학살자로 평가받습니다.

그러나 어떤 의미에서 보면 사실 그만큼 순수한 혁명가도 없을 것입니다. 그는 왕당파를 정치권에서 추방했고, 그다음 공격의 창끝을 성직자에게 겨누었습니다. 단번에 정치개혁을 완수하고 종교기독교 개혁까지 추진했던 것입니다.

로베스피에르는 그전까지 일반적으로 사용되었던 기독교력을 폐지하고 공화력을 사용했습니다. 기독교의 축일을 금지했고, 달의 명칭도 January나 February 같은 기독교식에서 Fructidor프랑스혁명력의 제12월, 열매의 달과 Brumarie프랑스혁명력의 제2월, 안개의 달 등으로 바꿔 불렀습니다. 기독교 색을 전면적으로 배제하기 위한 조치였습니다.

그러나 한때 절대권력자였던 로베스피에르 역시 반대파에 의해 처형되는 비참한 신세를 면치 못했습니다. 로베스피에르의 혁명은 좌절되었지만 그의 사상은 끈질기게 살아남아 후세에까지 이어졌습니다. 그 후에도 공화정에서의 교회 권력 배제는 조금씩 이루어져 1902년에는 결국 '성聖, 교회'과 '세속정치'의 분리가 완성되었습니다. 즉 '정교분리'입니다. 일본도 이 이념을 채용했습니다.

신성로마제국의 후신인 독일에서는 기독교 민주동맹이 정치에 참여합니다. 프랑스 공화주의자들의 관점에서 볼 때 이것은 비정상입니다. 종교적 정당이 정치하는 이상 완전한 기독교 국가로 볼 수밖에 없기 때문입니다. 프랑스에서는 기독교의 정치 참여를 원칙적으로 인정하지 않습니다. EU 구상 단계에서 프랑스가 독일과 함께 공동체를 꾸려가는 데 있어 크게 논쟁이 벌어진 지점도 바로 이 문제였습니다. 교회로부터 독립을 이룬 공화정 국가가 기독교 국가와 함께할 수 있느냐, 위헌행위 아니냐 하는 논쟁이었는데 지금까지도 지속하고 있습니다.

또한, 19세기 초 프랑스의 생시몽Claude Henri de Rouvroy, comte de Saint-Simon, 1760~1825과 푸리에Charles Fourier, 1772~1837가 소유의 자유와 평등이 양립하지 않는다는 문제에 대해 적극적으로 해결법을 모색했습니다. 그 과정에서 소유의 자유를 제한하는 사회주의 개념이 도입되었습니다. 시민혁명을 경험한 프랑스에서만 생겨날 수 있는 급진적인 아이디어였습니다. 시민사회가 남긴 소유권의 불평등에 대해 처음으로 이론을 정립한 사람은 프랑스의 사회주의자 프루동Pierre-Joseph Proudhon, 1809~1865입니다. 그는 프랑스혁명에 대한 재평가를 통해 그것이 실패로 끝난 이유가 개인의 완전한 소유권을 인정했기 때문이라고 단언했습니다.

프랑스혁명은 '정교분리'와 '사회주의'라는 두 가지 확고한 이념을 남겼습니다. 그러나 농민과 노동자가 부자가 될 '자유'를 보장했다는 점은 평가할 수 있지만, 부자가 부자로 있을 '자유'도 보장했다는 점이 후세에까지 근본적인 문제로 남았습니다. 경제에서 불평등이 고정되거나 정당화되고 상속권에 의해 그 불평등이 영원히 지속하는 사회가 만들어진 것입니다. 이 사고방식을 토대로 성장한 것이 바로 자본주의였습니다.

은밀히 정치를 다루는 자본가

모든 인간은 원칙상 정치적으로는 평등하지만 경제적으로는 불평등할 수밖에 없는 존재입니다. 결과적으로 경제뿐 아니라 정치에서도 불완전 평등한 존재가 되고 맙니다. 그리고 불완전 평등한 정치로 인해 경제는 더욱더 불평등해질 수밖에 없는 정당성을 부여받고 갈수록 더욱 노골화됩니다. 이것이 현대 자본주의 사회의 본질이자 이른바 오늘날의 민주주의 사회가 가진 거대한 속임수의 자세한 내막입니다.

이렇게 해서 표면적으로 정치적 평등이 유지되면 거기서 분리된 경제는 불평등한 행위를 해도 상관없다는 식입니다. 표면적으로 드러나게 하지만 않으면 뒤에서 은밀하게 무슨 일이든 거리낌 없이 할 수 있습니다. 이렇게 해서 궁극적으로 경제가 정치를 통제하는 세계가 만들어집니다.

여기서 이전에 없던 전혀 새로운 계급이 등장합니다. 정치를 통제할 수 있는 경제적 지배계급, 즉 자본가입니다. 그러나 이런 교묘한 속임수의 내막을 밝혀내기는 말처럼 쉽지 않습니다. 자본가는 다음과 같이 말합니다.

"나는 대기업의 사장이지만 정치에는 일절 관여하지 않습니다. 날마다 수많은 거래처와 만나고 손님을 접대하는데, 그야말로 분 단위 일정을 소화해야 할 정도이고 몸이 열 개라도 부족할 판이에요. 한가한 당신하고는 달라요. 나는 바빠요. 바빠도 너무 바빠요. 아침 일찍 일어나 밤늦게 잠자리에 들 때까지 그야말로 일, 일뿐이에요. 꿈에서도 어떻게 하면 사업이 좀 더 잘되게 할까 매 순간 고민한다고요. 나 하나 잘되자고 그러는 게 아니란 말입니다. 많은 직원의 생계를 책임져야 하지 않습니까? 내 말이 무슨 의미인지 알겠죠? 이렇게 바쁜 내가 언제 정치 생각을 할 틈이 있겠어요. 그럴 시간과 여유가 있으면 차라리 취미인 낚시라도 즐기겠습니다. 정치를 좌지우지하다니, 농담도 적당히 해요!"

경제적 지배계급은 왜 직접 정치에 뛰어들지 않을까요? 그들의 주장대로 제대로 사업을 하자면 하나에서 열까지 챙겨야 할 일이 너무 많고 딴 데 신경 쓸 여유가 없기 때문일 수도 있습니다. 아무튼, 경제적 지배계급, 즉 자본가들은 어떤 이유에서든 직접 정치에 관여하지는 않습니다. 그러나 그렇다고 해서 그들이 정치에 무관심하거나 아무런 영향력도 행사하지 않으려 한다고 생각하면 크나큰 오산입니다. 오히려 그들은 정치에 관심이 아주 많을 뿐 아니라 언제나 자신이 동원할 수 있는 모든 수단과 방법을 동원하여 정치에 개입하고 영향력을 행사하려 시도합니다. 그 결과 그들은 '정치가'라고 하는, 자신이 마음대로 움직이고 조종할 수 있는 꼭두각시를 둡니다. 그리고 그들이 자신에게 유리한 방향으로 법체계를 만들게 하며 자신을 든든히 뒷받침해줄 관료조직을 키워갑니다. 이런 방식으로 자본가들은 간접적이면서도 매우 교묘한 방식으로 정치에 관여하고 막강한 영향력을 행사합니다.

일본의 모 신문사 사장처럼 "내겐 권력의 핵심부에 접근할 수 있는 채널이 있다"라고 대놓고 얘기하고 다니는 사람은 오히려 어떤 의미에서는 정직하고 순수하다고 할 수도 있습니다. 대다수 경영자들은 그런 사실을 밖으로 드러내어 말하지 않고 뒤에서 은밀히 일을 꾸미고 조종합니다. 그럼으로써 자본주의가 경제와 정치를 분리하여 매우 민주적이고 평등한 사회가 이루어진 것처럼 하는 교묘한 '위장'이 이루어집니다.

'절반은 아시아'인 독일의 딜레마

지금까지 여러 번 '민주주의와 인권'이라는 용어를 언급했습니다. 민주주의란, 그리고 인권이란 무엇일까요? 이 점을 먼저 간략히 짚고 넘어갑시다.

민주주의 사회에서 인권의 개념은 절대시 됩니다. 또한, 많은 사람이 인권은 당연히 보장되어야 한다고 생각합니다. 그런데 이 인권이라는, 매우 중요하면서도 조금은 모호한 개념을 지키기 위해 오랜 역사 속에서 수많은 사람이 피를 흘렸습니다. 그런데도 오늘날 우리 사회는 인권이 제대로 실현되고 있거나 인권침해가 획기적으로 줄어들었다고 보기 어렵습니다. 지금 이 순간에도 세계 어딘가에서는 인권이 언급되고 있으며 '인권을 보장하라'는 피맺힌 절규가 이어지고 있습니다.

민주주의와 인권은 소중한 개념임에도 우리가 사는 이 세계에서는 완전히 낡아져 버렸습니다. 왜 그렇게 되었을까요? 첫째, 처음에는 순수했지만 시대를 거치면서 악용되어 본질에서 멀어졌다는 견해입니다. 둘째, 처음부터 그런 것은 없었다, 완전한 속임수였다는 주장입니다.

이에 대해 다시 한 번 곰곰히 생각해봅시다. 민주주의란 과연 무엇일까요? 인권이란 또 무엇일까요? 인류 역사에서 언제부터 이 개념이 등장했을까요? 민주주의와 인권은 왜 언제나 한 쌍으로 묶여서 언급될까요?

자본주의는 지금까지 우리에게 '유럽 문명 외에는 제대로 된 문명이 아니다'라는 '진리 아닌 진리'를 끊임없이 강요해왔습니다. 그 중심에 어린아이도 알기 쉽게 정리되어 제공되는 것이 바로 '민주주의'와 '인권'입니다. 말하자면 이런 식입니다. '사회주의 국가를 봐라. 민주주의와 인권이 손톱만큼도 없다. 이것을 보장하는 것은 오직 자본주의 사회뿐이다.'

과연 그럴까요? 이쯤 되면 자본주의가 과연 유일한 해답인지 의심스러워지기 시작합니다. 처음에는 누구나 굳게 믿어 의심하지 않았는데, 점점 알 수 없게 되어버립니다. 러시아와 중국이 내걸었던 '반反자본주의, 반유럽'의 기치가 오늘날 새로운 문제의식을 만들어내고 있습니다. '국가가 경제적으로 풍요로워지기 위해 일반적으로 자본주의를 따르고 있지만, 그런 것은 숭고한 주의도 그 무엇도 아니다. 단순한 돈벌이 수단에 지나지 않는다.' 그런 주장에 '말도 안 되는 소리 하지 마라. 자본주의는 숭고하다'라고 호통치듯 단언할 수 없게 된 것입니다.

전통적인 아시아의 역사학은 유럽의 역사학과는 달리 역사의 흐름이나 법칙 등에 그다지 많은 관심을 두지 않았습니다. 그보다는 왕조와 황제의 이름이 면면히 이어지게 하는 데 훨씬 관심이 많았습니다. 그러나 유럽의 역사학은 역사의 흐름과 법칙을 중시합니다. 황제의 이름이나 가계도 따위는 크게 중요하지 않습니다. 이런 사상의 흐름 속에서 생겨난 것이 마르크스주의입니다. 따라서 러시아와 중국은 아시아적 역사관에 영향을 받으므로 마르크스주의를 실천하려 노력했음에도 결국 서양적 의미에서의 진짜 마르크스주의를 정립하지는 못했습니다. 마르크스주의가 기본적으로 유럽 역사학의 전통에 기반을 두고 있으므로 필연적으로 그런 불일치가 빚어졌던 것입니다. 마찬가지로, 선진자본주의 국가는 자본주의적인 이론으로 자신의 성공 이유를 설명할 수 있습니다. 그러나 '실패'한 이유는 '성공'한 측의 이론만으로는 설명할 수 없습니다.

또 신기한 것은 아이러니하게도 마르크스주의의 영향력이 지금까지 남아 있는 지역이 대부분 독일을 기준으로 좀 더 동쪽에 위치한 나라라는 점입니다. 약간만 관점을 바꾸면, 이 영역에 독일도 포함됩니다. 요즘 독일은 서양의 중심처럼 연기하는 경향이 있습니다. 그러나 실상 이 나라는 '동서의 경계선'에 위치해 있습니다. 그런 터라 그들의 역사에는 절반은 아시아적인 부분이 뒤섞여 있습니다. 영국이나 프랑스, 네덜란드 같은 순수한 서양 문화권과는 어딘가 모르게 다릅니다. 그 점이 바로 젊은 시절의 마르크스의 사고에 적지 않은 영향을 끼쳤다고 볼 수 있습니다.

아무튼, 서방세계로서는 독일을 자기 편으로 끌어들이는 것이 중요했습니다. '절반은 아시아'인 독일을 '반 아시아'의 교두보로 삼아야 했던 것입니다. 그러나 이것은 전혀 예상하지 못한 방향으로 전개되었습니다. 나치즘의 대두가 그것입니다. 결과적으로 나치즘은 자신을 멸망으로 이끎으로써 오래된 독일 체제까지 송두리째 무너뜨렸습니다.

이때 독일인의 '과거에 대한 부정'을 이용해 새로운 신화가 탄생했습니다. 나치즘이 표방했던 '민족 신화'를 대신한 '민주주의와 인권신화'가 그것입니다. 그런 이유도 있고 해서 1945년에 열린 뉘른베르크 재판(독일 뉘른베르크에서 열린, 나치 독일과 유대인 학살 전범을 다룬 국제군사재판)의 피고들은 '인륜을 짓밟은 극악한 범죄 혐의'로 재판을 받았습니다. 엄밀히 말하자면 이것은 전쟁범죄를 처벌하기 위한 재판이 아니었습니다.

그 직후 일본에서도 비슷한 일이 일어났습니다. 1946년의 도쿄재판(제2차 세계대전 중의 극동지역의 전쟁범죄자 처리를 위해 열린 재판) 역시 '인도에 반한 죄'를 논거로 했고 종전 후 미국이 들고 온 것 역시 '민주주의와 인권신화'였습니다. 그 후 일본과 독일이 어떻게 되었는지는 굳이 여기서 언급하지 않아도 알 것입니다.

이런 흐름이 그들 서방세계의 성공체험이 되어 강력한 신념의 토대가 됩니다. 이상의 흐름을 간단히 정리하면 다음과 같은 무서운 가설을 이끌어낼 수 있습니다.

'독일은 나치즘을 만들었다. 일본은 군국주의를 낳았다. 그리고 과거를 청산하고 서양화해서 커다란 경제적 번영과 문화적 진보를 이루었다. 그런데 뜻밖에도 러시아와 중국은 오랜 황제의 역사를 끝낸 줄 알았더니 사회주의라는, 겉만 번지르르하고 실상은 독재정권에 다름 아닌 길을 걸으려 하고 있다. 서방세계를 제외한 세계의 국가 대부분이 왕권에 의한 전제군주나 파시즘을 만들어내고 있다. 불과 2억 명 정도인 서방세계 사람들만이 장래에 남을 숭고한 문명을 이룩했다. 나머지는 인류에게 전혀 도움이 안 되는, 오히려 해악을 끼치는 문화와 사회를 만들어냈다. 그러니 앞으로도 우리가 선두에 서서 세계를 문명화하는 수밖에 없다.'

실제로 이런 주장을 하는 사람들이 있습니다. 그들은 마르크스에 대한 이해 속에도 서양적인 이해에 포괄되지 않는 비서양적인 부분이 있다는 사실을 간과하고 있습니다. 다른 국가나 민족에 대해 자신들의 사상과 주의를 심겠다는 발상은 오만함과 무례함의 극치라고밖에 말할 수 없습니다. 그리고 그 발상의 원천은 기독교 신앙과 그 역사 속에 깃들어 있습니다.

'개인'이 없었다면 자본주의도 없었다

마르크스는 그 점을 가장 잘 아는 인물이었습니다. 원래 조상이 동유럽계 유대인이고 랍비 집안에서 태어난 그는 기독교를 객관적으로 볼 수 있었습니다. 기독교에서는 신을 절대시합니다. 저기에 유일신이 있고, 여기에 인간이 있어서 신과 인간은 분리됩니다. 완전히 다른 존재입니다. 인간은 신과의 관계성을 전제할 때만 존재 의미가 있습니다. 그리고 이 지점에서 '개인'이라는 개념이 생겨나고 강조됩니다.

신이 지나칠 정도로 뛰어나게 이상화되면 신과 인간이 도저히 접점을 형성하기 어려워집니다. 이런 상황에서는 신과 인간 사이를 중재하는 중개자가 필요합니다. 이것이 바로 성경에 수많이 등장하는 사도와 예언자입니다. 그리고 그중에서도 가장 대표적인 존재가 예수입니다.

아시아 사회에서는 신과 인간은 명확히 분리되어 있지 않습니다. 개개의 인간은 존재하지만, 모든 것은 신에 의해 통일됩니다. 또한, 신은 인간의 내부에 깃들어 있습니다. 더 나아가 그 일부이기도 합니다. 곳곳에 신이 존재하다는 것이 아시아인의 세계관입니다. 신들이 늘 곁에 있습니다. 따라서 신들의 세계에서 인간이 구분되기 어려울 수밖에 없습니다.

개인이 존재하지 않는 이상 '옆으로' 연결하는 수밖에 없습니다. 가족이나 지역 집단 속에 있는 신을 신앙하는 형태가 일반적이 됩니다. 바꿔 말하면, 일상에 신이 존재하는 한 인간은 개인이 될 수 없습니다. 일본인은 일단 신사라는 공간에 들어가면 신을 믿건 믿지 않건 기도를 올리는 것이 중요하다는 것을 알고 있습니다. 이것이 일본인의 신앙적 태도이기 때문입니다.

유대교는 어떨까요? 유대교는 기독교 가르침과 아시아 신 관념의 중간 정도에 있다고 볼 수 있습니다. 신은 오직 하나지만, 절대적인 존재이면서 동시에 일상의 곳곳에서 출현하는 전지전능한 존재이기도 합니다. 그러므로 일상 속에서 신의 의도를 실현하는 것이 최대 관심사이자 과제가 됩니다. 실생활을 통제하고 다스리는 것이 신을 제대로 섬기는 일이 되므로 생활 속의 신앙이 중요합니다. 이슬람교도 그렇습니다. 그들은 기도 시간이 되면 하던 일을 멈추고 기도를 시작합니다.

아시아의 종교관과 유대교, 이슬람교는 신과 인간이 불가분하다는 면에서 공통점을 갖고 있습니다. 그런데 기독교는 신앙 자체가 일상생활과 분리되어 있습니다. 그들은 일하건 놀건, 극단적으로 말해 범죄를 저지르건 머릿속으로는 여전히 신자입니다. 그들은 이념상의 신앙생활을 중시합니다. 24시간 내내 신앙의 일상적 실천을 요구하지 않습니다.

그러나 기독교 신자는 이념상의 신자이므로 정기적으로 자신이 신자임을 증명하지 않으면 안 됩니다. 교회에 가서 신에 대해 한 인간으로서 자신의 행동을 설명하고 죄를 참회해야 합니다. 이것이 바로 '고백'이라는 행위입니다. 참회의 빈도는 사람에 따라 다릅니다. 매일 아침저녁일 수도 있고, 일정한 요일일 수도 있고, 일 년에 한 번일 수도 있습니다. 어쨌든 고백 이외의 시간은 신에게서 분리된 개인으로 생활합니다. 같은 기독교 신자라도 신교도인 프로테스탄트Protestant, '항의하는 사람들'이란 뜻이란 뜻는 신과 자신을 철저히 대치시킵니다. 직접 신과 대치하는 것으로 개인의 독립성이 더욱 눈에 띕니다.

민주주의 개념은 개인이 신에게서 분리되지 않으면 성립조차 하기 어렵습니다. 그들의 주된 민의는 그런 것입니다. 신의 의사가 아니라 개인의 생각입니다. 민주주의는 그런 기독교 관념을 전제로 형성됩니다.

기독교만 이론을 만들어냈다고?

유대교나 이슬람교는 일상이 곧 신앙입니다. 그러므로 이 종교들은 어떤 의미에서 기독교처럼 경전종교는 될 수 없습니다. 경전종교는 성서처럼 절대적인 정전이 있어서 철저히 그것만을 읽고 거기에 쓰여 있는 세계를 자신의 종교 이론 안에 주입합니다. 이런 맥락에서 '성서를 어떻게 해석해야 할까', '신이 우리 인간에게 무엇을 말하려 했을까'와 같은 진의를 파악하고 이해하는 것이 매우 중요합니다.

여기서 파생되는 서양문화는 성서에 한정하지 않고 철저히 관련 서적을 읽고 문자를 읽는 행위로 집적됩니다. 좀 더 구체적으로 말하자면, 거기에 쓰여 있는 문자는 과연 믿을 만한가 하는 근거를 철저히 찾아 읽어내는 것입니다. 즉, 사료비판의 학문 문화입니다. 이런 행위의 연장선에서 이론이 생겨납니다. 기독교는 실천보다 이론을 중시하는 문화를 가진 종교입니다. 여기서 파생되어 나온 것이 바로 서양의 합리주의입니다.

이로써 신의 존재를 피부로 느끼는지, 일상에서 어떤 식으로 기도하는지, 하루에 몇 시간 기도하는지, 그 이외의 시간에 무엇을 하는지 등은 모두 부차적인 문제가 되어버립니다. 머릿속으로 종교에 대해 생각하고 그것에 대해 의견을 말하고 토론하는 것이 신앙이 됩니다. 이 문제는 일찍이 마르크스도 명확히 언급한 바 있습니다. 그것은 '왜 유럽만 근대적 문명을 만들어낼 수 있었을까' 하는 문제와 연결됩니다. 다시말해, 서양의 관점에서 보았을 때 유대교는 어째서 근대문명을 만들어내지 못했는가 하는 문제입니다. 왜냐하면, 유대교는 매일의 생활 속에 신앙이 있으므로 이론을 만들어낼 수도 그럴 필요도 없기 때문입니다. 이론화되지 않으면 학문으로서의 '발전'이 일어날 수 없습니다.

유대교와 이슬람교에서는 신학이란 것이 아직 그대로 남아 있습니다. 그러나 유럽에서는 점점 이론화되고 이념화되어 결국에는 중세의 신학이 곧 중세의 철학과 한데 뒤섞여버렸습니다. 그렇게 되면 더는 신학이라고 하기 어려워집니다. 오히려 철학과 거의 다를 바가 없어집니다.

아시아에 대한 편견으로 가득한 헤겔 철학

일반적으로 아시아 사회에서는 이론만 돌출하는 경우는 거의 없습니다. 그래서 아시아에는 철학은 생겨나지 않았다고 하는데, 정말 그럴까요? 그렇지 않습니다. 아시아에는 아시아만의 철학이 있습니다. 동양철학이 그것입니다. 그러나 독일의 게오르크 빌헬름 프리드리히 헤겔Georg Wilhelm Friedrich Hegel, 1770~1831은 그 주장을 일축해버렸습니다.

헤겔은 왜 인도와 중국사상, 즉 동양사상을 철학의 범주에 넣을 수 없다고 생각했을까요? 간단합니다. 철학을 철학답게 하는 요소는 철저한 개인의 독립에서 시작하는데, 동양철학에는 개인이 발을 딛고 서 있을 공간이 없기 때문입니다. 헤겔은 "그런 것은 철학이라 평가할 가치도 없다"고 주장했습니다. 개인의 독립은 기독교 세계 안에서만 가능합니다.

헤겔에 따르면, 아시아 사람들은 '개인이란 무엇인가'를 진지하게 생각하지 못하는 인종입니다. 아시아에서는 다음과 같은 사고방식이 일반적입니다.

'신은 항상 그곳에 있으면서 우리를 지켜본다. 착한 일을 하건 나쁜 짓을 하건 신은 그것을 지켜본다. 그래서 최종적인 신의 심판도 없다. 설령 조금 나쁜 짓을 했더라도 저마다 합당한 이유가 있으면 용서

해줄 것이고, 겉으로만 착한 일을 해도 금방 알아볼 것이다. 겉과 속, 선과 악은 하나다. 그래서 인생은 흐르는 대로 두는 것이 좋다. 그런 식으로 융통성 있게 생각하라. 이 세상의 모든 것을 너무 힘들게 추구하지는 마라. 다 의미 없고 부질없는 일이다.'

아시아에서는 개인의 삶만을 추구하는 철학은 생겨나지 않았습니다. 그래서 인도철학과 중국철학은 헤겔의 기준에서 판단할 때 세계철학사에서 제외됩니다. 그는 역사상 유일하게 철학이라 부를 만한 것으로 그리스철학을 듭니다. 그리스는 기독교 국가가 아니라 다신교 문화였습니다. 그런데도 그는 이런 중요한 부문을 무시했습니다. 말하자면 논리 전개상 불리한 것을 처음부터 의도적으로 배제해버린 것입니다.

본래의 그리스철학은 유럽인이 읽은 것과는 다릅니다. 그 본질은 소크라테스 이전부터 있었을 텐데, 헤겔은 이마저도 제외합니다. 소크라테스 이전의 그리스철학은 아시아적 요소를 품고 있었습니다. 헤겔을 포함한 유럽인이 자신들에게 편리한 방식으로 해석한 그리스철학은 문서로 저술된 플라톤과 아리스토텔레스 이후의 것입니다. 또한, 그리스철학은 기독교 시대에 일단 전부 버려지고 신학이 그 자리를 대신하게 됩니다.

그런데 신학이 벽에 부딪히자 13세기에 들어 토마스 아퀴나스가 아리스토텔레스의 사상을 수용했습니다. 아퀴나스 이전까지만 해도 유럽인들은 그리스철학에 관해 관심이 없었으며 당연히 진지하게 연구하지도 않았습니다. 아리스토텔레스의 사상을 배우려 했던 것은 오히려 이슬람교도와 유대교도였습니다.

15세기 이후 유럽인의 총애를 한몸에 받은 그리스는 1829년까지 오스만튀르크의 지배를 받았습니다. 즉, 그리스철학의 본고장인 그리스가 이슬람권의 지배를 받게 된 것이었습니다. 기독교가 그리스철학을 자기 문명사 속으로 다시 끌어들이기 위해 물밑작업을 벌일 때 유럽인들은 교묘한 작업을 했습니다. 유럽인들은 플라톤과 아리스토텔레스를 자신의 영웅으로 포장했고, 그들의 철학을 고전으로 만들었습니다. 또한, 그들이 순수하게 '유럽적인 사고방식'을 갖고 있었을 뿐 아니라 그들의 사상이 근대화의 초석이 되었다고 치켜세웠습니다. 결국, 헤겔 철학사는 무엇이 철학인가 하는 진지한 물음과 논의에서 시작된 것이 아니라 유럽적이냐 아시아적이냐를 판가름하는 일에서 출발했습니다. 그렇듯 출발점부터 이상하니 그다음의 논리가 제대로 되었을 리 없습니다.

기독교가 자연과학을 멸시한 이유

기독교 사회에는 신학 이외의 다른 학문은 없었습니다. 반면 이슬람

사회에는 자연과학이 발달했습니다. 기독교인들은 이 점을 비판합니다. '자연과학을 신에 대한 모독'으로 보았던 것입니다. 아이작 뉴턴Isaac Newton, 1642~1727은 나무에서 떨어지는 사과를 보고 그 원인을 곰곰이 생각하다가 만유인력의 법칙을 발견했다고 우리는 학교에서 배웠습니다. 초등학생에서 80대 노인까지 거의 모든 사람이 의심할 나위 없는 진실로 받아들이는 이 이야기는 사실 거짓입니다. 그는 관찰이 아닌 이론을 통해 법칙을 발견했기 때문입니다. 기독교도의 의식 안에 자연과학이란 존재하지 않으므로 모든 현상이 추상적 이념에서 도출됩니다. 자연현상에 의문을 품는 일을 인정하지 않는 것이 기독교 사회의 오랜 전통이었습니다. 그런 터라 뉴턴은 '이 연구를 과연 신이 허락할까' 하는 문제를 놓고 꽤 오랫동안 고뇌하고 번민했습니다.

인간이 과학에 눈을 뜨자 '경험주의'라는 새로운 사고의 풍조가 생겨났습니다. 유럽인들은 이슬람권이 탐구하는 과학을 자신도 관심을 가져야 하고 발전시켜야 한다고 생각했습니다. 눈으로 본 것, 있는 그대로의 현상을 실험으로 검증하는 기술이 필요하다고 여겼습니다. 이것이 경험주의인데, 기존의 기독교 사상에 반대하는 운동이라고 할 수 있습니다. 그리스철학이든 자연과학의 경험주의든 마찬가지지만, 오늘날 많은 사람이 서양의 것이라고 믿는 이론과 철학 중 상당수는 실상 '서양적'이지 않습니다. 실제는 다양한 문화의 혼합 형태였다는 것을 알 수 있습니다.

이 사실을 직시해 유럽적 모더니즘이라 불렀던 것을 해체하고 재구축해야 한다고 생각하는 조류가 생겨났습니다. 이 사상이 바로 '포스트모던'입니다. 누구나 이 용어를 들어보았겠지만, 사실 이것은 동양인은 이해하기 조금 어려운 개념입니다. 아무튼, 이후 유럽인들은 서양문명 속에 깊이 침투해 있는 기독교 주술과 싸워왔습니다. 반면 아시아에 사는 우리는 과거의 유물이 된 '서양문명'을 안이하게 받아들이고 있습니다. 한때 유럽처럼 풍요로워지는 방편으로 그것을 받아들이고 이용했다고 하면 어느 정도 이해는 갑니다. 그러나 이제 그 방법론도 시대에 뒤떨어진 것이 되었습니다. '서양인 이상으로 서양적'이라며 만족스러워하는 동양인은 앞으로의 세계에서 뒤처질 수밖에 없습니다.

'공동체'를 혐오하는 기독교

지금까지의 민주주의는 어디까지나 유럽인의 민주주의라는 것을 미리 말해두지 않으면 안 됩니다. 아시아나 다른 지역에도 '민주주의'는 물론 '공동체'에 의한 직접민주제의 사례까지 존재했습니다. 그런데 공동체는 봉건적이고 비민주적이라고 주장함으로써 공동체의 해체야말로 민주주의인 것처럼 되고 말았습니다. 그럼으로써 그것은 개인의 해방과 연결될 뿐 아니라 분열한 개인으로서 정치를 재조직화하는 것을 민주주의라 정의하게 됩니다. 결국 그것은 대의민주주의, 혹은 간접민주제입니다.

직접민주제란 대표자를 세우지 않고 주민의 직접적인 참여와 적극적인 의사 표시로 주요 사안을 결정하는 정치 시스템입니다. 오늘날 민주주의 국가라 불리는 나라들, 예컨대 미국이나 영국, 프랑스, 독일 같은 유럽 국가들도 모두 간접민주제 방식을 채택하고 있습니다. 이 시스템에서는 일단 대표자를 선거로 결정하기까지만 '민주적'입니다. 그다음에는 그들에게 모든 권력을 위임합니다. 이로써 권력의 편향이 생겨나고 유지되며 고착화합니다.

민주주의는 직접민주제여야 합니다. 엄밀히 말해서 간접민주제는 민주주의로 보기 어렵습니다. 그런데 전통적인 유럽인들은 이상하게도 직접민주제를 싫어했습니다. 아마도 기독교가 적대시해온 공동체 이념과 이어지기 때문일 것입니다. 바꿔 말하면 이 공동체적 이념을 고도로 시스템화한 것이 공산주의입니다. 기독교의 교회가 공산주의와 양립하지 못하는 가장 결정적인 이유가 바로 이 공동체라는 사고방식 때문입니다. 공산주의라는 단어만 유심히 살펴봐도 이 점을 분명히 알 수 있습니다. 공산주의를 뜻하는 영어 단어 '코뮤니즘 Communism'을 직역하면 '공동체주의'이기 때문입니다. 공동체는 프랑스어로는 '코뮌Commune' 독일어로는 '게마인샤프트Gemeinschaft'입니다.

기독교 교회가 자본주의는 인정하면서 공산주의는 철저히 배격하고 가차 없이 공격을 가한 것도 바로 이 공동체라는 성격 때문입니다. 1860년대 말에 열린 제1회 바티칸 공회의에서 기독교는 자본주의와 공산주의 모두를 인정하지 않는다고 결의한 바 있습니다. 자본주의의 화폐에 대한 무한한 요구는 신을 모독하는 것으로 생각했기 때문입니다. 그런데 그로부터 100년 후 1960년대의 제2회 바티칸 공회에서 기독교는 그간의 태도를 바꾸어 자본주의를 인정했습니다. 그러나 여전히 공산주의는 인정하지 않았습니다. 바티칸 회의의 이러한 태도 변화로 전 세계의 자본주의 세력이 용기를 얻어 더욱 단호한 반공 의지를 보였습니다.

왜 기독교는 공산주의를 끝내 인정하지 않았을까요? 대답은 간단합니다. 그 공동체 사회의 이념이 '사적 소유'를 인정하지 않기 때문입니다. 사적 소유를 인정한다는 것은 공동체에서 개인의 분리를 허용하는 것입니다. 즉 '나의 소유물을 건드리지 마라. 내 소유 공간에서 나가라' 식의 사고방식이 깔린 것입니다. 이런 사적 개념이 생겨남으로써 개인이 확립됩니다.

그런데 공동체 사회가 되면 개인 간의 대립이 없어집니다. 더 나아가 개인의 개념 자체도 사라집니다. 개인의 개념이 사라지면 개인이 공동체에서 분리됨으로써 성립하는 자본주의, 그리고 개인과 신을 대립시킴으로써 성립하는 교회는 난처해질 수밖에 없습니다. 가톨릭 신자는 문제가 생기면 신부를 찾아가 상의합니다. 즉, 교회에 '고백'하러 갑니다. 일반적인 일본인은 가족이나 친구, 혹은 평소에 신세를 지는 가까운 어른을 찾습니다. 그러나 가톨릭에서는 진짜 중요한 고백은 신에게 해야 합니다. 물론 실제로는 그 중개자인 신부에게 하지만, 원칙적으로 개인은 독립해 있으므로 다른 개인에게 고민을 털어놓을 수 없습니다.

루소의 『고백』도 기본적으로 신과의 대화 성격을 띱니다. 말하자면, 사회나 독자에게 알리는 것이 결코 아닙니다. 결혼할 때도 신에게 맹세합니다. 신에 대한 맹세는 부부가 서로에게 하는 맹세나 집안·사회에 대한 맹세보다 중요하므로 절대로 깨뜨릴 수 없습니다. 애당초 그것은 이상에 지나지 않습니다. 인간인 이상 이혼은 있지만, 형식뿐입니다. 그러나 그것이 형식이라도 교회의 측면에서는 중요합니다.

신자들이 '형식뿐인 고백'과 '형식뿐인 신에 대한 맹세'조차 하지 않는다면 어떻게 될까요? 교회의 '장사'가 더는 가능하지 않게 됩니다. 말단 교회의 기부금을 착취해 오랫동안 권력을 유지해온 바티칸은 어떻게든 그 메커니즘을 지켜내지 않으면 안 됩니다. 그렇게 하려면 개인을 낱낱이 흩어지게 해서 뭔가 일이 생길 때마다 교회를 찾는 습관을 유지시켜야 합니다. 초기 기독교가 이 공동체 방식을 사용해 운영되었음에도 불구하고 전 세계가 공동체만으로 이루어진다면 기독교의 권력 기반과 질서가 그 기반부터 완전히 뒤집힐 가능성이 큽니다.

오직 기독교만 자본주의를 만들 수 있었던 이유

사적 소유는 기독교 사회가 만들어낸 독자적인 개념이었습니다. 기독교로 개종하긴 했지만, 원래 이교도인 마르크스가 여기에 위화감을 느낀 것은 당연했습니다. 일본 대학생은 강의 중에 활발하게 질문하지 않는다고 지적하는 사람이 있습니다. 하버드대학 마이클 샌델Michael J. Sandel, 1953~ 교수의 강의처럼 왜 뜨겁게 달궈지지 않느냐는 겁니다.

미국은 다른 사람과 다른 의견이 존중되는 문화입니다. 남과 다른 것, 그것이 바로 '개인'입니다. 그러나 이것은 결국 자기중심적인 의견을 얼마나 세련되게 표출할 수 있느냐 하는 기술에 지나지 않습니다. 학교 선생님이 학생들에게 '좀 더 개성적인 사람이 되어라, 주위에 휘둘리지 않도록 뚜렷한 자기주관을 가져라'라고 지도하는 것도 마찬가지입니다. 그런 말을 들으면 학생들은 난처할 뿐입니다. 왜 친구의 의견에 맞추면 안 되는 걸까요? 개인과 개성만 키우다 보면 이기심, 그리고 더 나아가 노골적인 이기주의가 표출될 수밖에 없습니다. "자신만 특수한 능력과 기술을 익히고 친구는 무시하라. 필요하다면 속여서라도 경쟁에서 이겨라. 그렇게 해서 좋은 대학, 좋은 회사에 들어가 돈과 명예를 얻어라." 즉 혼자만 이기는 독주의 원칙과 방법을 가르칩니다. 이것이 자본주의의 정체입니다.

유대교와 이슬람교는 자본주의를 만들어낼 수 없었습니다. 오직 기독교만 만들어낼 수 있었습니다. 왜일까요? 독일의 막스 베버Max Weber, 1864~1920는 이 물음에 "기독교는 '철저한 개인'을 만들어냈기 때문이다"라고 말했습니다. 아시아의 자본주의는 그것과는 다릅니다. '쿠란씨족 제 자본주의'라고 해야 할까요? 좀 더 알기 쉽게 '가족제 자본주의'라고 합시다. 예전의 재벌이 여기에 가깝습니다. 경쟁과 도태, 독점이 있지만 공유와 분배도 있습니다. 만일 이 타입의 자본주의가 세계에 퍼져 서양형 자본주의와 대치하면 어떻게 될까요?

씨족제, 가족제라고 하면 봉건적이고 부의 독점이 활개 치는 인상을 주기 쉽습니다. 그러나 실제로 부의 독점은 순수한 자본주의 사회에서 더 많이 일어납니다. 소수의 자본가가 될 기회가 모든 사람에게 평등하게 주어진다는 것도 환상에 지나지 않습니다. 어떤 의미에서 진짜 자본가는 빌 게이츠나 손정의 같은 일종의 스타나 영웅을 만들어내고 그 뒤에 은밀히 숨어서 꾸준히 자본을 증식하고 있는지도 모릅니다.

이런 문제에 몰두하는 연구자가 아직 많지 않은 것이 사실입니다.

그러나 머지않아 많은 학자가 이 문제에 관심을 두게 될 것입니다. 러시아와 중국의 접근법에서 그 싹을 찾을 수 있습니다. 이들 지역은 서양과 미국보다 오랜 역사와 문화를 갖고 있습니다. 그들은 결코 뒤처지지 않았습니다. 또한, 자신의 권익만 지키려고 하지도 않습니다. 물론 자세히 들여다보면 그런 부분도 일부 있지만, 긴 안목으로 보면 일시적인 현상일 뿐입니다. 그들은 본질적인 면에서 역시 위화감을 느끼고 있습니다. 지금의 자본주의는 자신들과 어딘가 맞지 않는다고 느낍니다.

토지에서 분리해 농민을 노동자로 만들다

자본주의 사회의 시작은 17세기 영국의 청교도혁명으로 거슬러 올라갑니다. 이때 이루어진 것이 농민의 토지 분할 소유 인정입니다. 토지 소유를 인정받음으로써 개인의 확립도 이루어졌습니다. 서양인들은 이것이야말로 민주주의의 시작이라고 틈만 나면 자화자찬합니다. 봉건적인 농노에서 해방되어 근대적인 농민, 자유롭고 민주적인 개인이 되었다고 말합니다.

그러나 토지의 분할소유가 일어난 것은 유럽에서도 극히 일부에 불과했습니다. 독일이나 러시아에서도 그런 일은 일어나지 않았습니다. 러시아와 동유럽, 오스만튀르크의 경우 여전히 토지는 공유물이었습니다. 하나의 토지를 몇 명이 나눠 담당하는 방식입니다. 누구의 소유도 아닙니다. 예를 들면, 첫해에는 A는 a토지, B는 b토지, C는 c토지에서 수확합니다. 2년째는 A는 b토지, B는 c토지, C는 a토지를 경작해 수확하고, 3년째는 A는 c토지, B는 a토지, C는 b토지……, 하는 식으로 돌아가는 윤번제입니다.

이런 방식을 취하는 이유는 토지에도 종류가 있기 때문입니다. 비옥한 땅, 황폐한 땅, 배수가 잘 되는 땅, 배수가 잘 안 되는 땅, 해가 잘 드는 땅, 해가 잘 들지 않는 땅……, 이런 식으로 하나하나의 조건이 모두 다릅니다. 따라서 오래고 풍부한 경험을 쌓은 끝에 특정인에게 좋은 토지가 독점되지 않도록 'A는 a토지'라는 식으로 고정하지 않는 방법을 쓰게 되었습니다. 오랜 고민과 궁리, 그리고 경험을 바탕으로 그것이 가장 공평하다는 것을 알게 된 것입니다.

그런데 초기의 자본주의 사회에서는 토지를 나눴습니다. 이것은 경작할 토지가 고정되는 것을 의미합니다. 즉 비옥한 토지를 소유하는 '부농'과 황폐한 토지를 소유하는 '빈농'으로 계급이 고정되어버립니다. 그래서 '올해 내 토지는 너무 나빴다. 내년에는 조금 나은 것으로 해달라'라고 호소할 기회도 빼앗깁니다.

토지 소유가 결과적으로 자본주의 사회의 출구가 되었습니다. 농업의 효율화가 이루어지면 황폐한 토지를 할당받은 농민은 독립적인 생활이 불가능해집니다. 이런 상황에서 불운한 농민은 자신의 토지를 모두 포기하고 부농 밑으로 들어가 소작농의 형태로 일할 수밖에 없습니다. 이것이 '인클로저Enclosure(공동 이용이 인정되었던 토지에 울타리를 쳐서 사유지임을 명시하던 일)'입니다. 결국, 농민들은 도시로 쫓겨나 일할 수밖에 없게 되는 것입니다. 무산노동자프롤레타리아의 탄생, 즉 노동자의 공출은 이렇게 해서 일어났습니다. 그 결과 아무것도 소유하지 못한 채 오직 자신의 육체만을 이용해 임금을 얻는 사람들이 생겨난 것입니다.

노동자를 노동자로 유지하기 위해서는 철저한 개인화가 효과적입니다. 무리 지어 모이는 것을 인정하지 않고 횡적인 유대에서 분리하여 집단화하지 못하게 함으로써 눈앞의 노동에만 집중하게 합니다. 그들은 기독교에 의해, 그리고 자본주의에 의해 더욱 철저히 분리되었습니다. 기독교와 자본주의는 놀라우리만치 효과적인 협조 체제를 이룹니다.

나카무라 슈지를 어떻게 평가할 것인가

자본주의와 세계화의 나쁜 부분(실업이라든가 공장의 해외 이전 등)의 문제만을 들추어내어 왈가왈부하며 비판하기는 쉽습니다. 이런 악을 부정하는 것만으로도 조금이나마 나은 세상이 될지도 모릅니다. 그러나 세계화를 제대로 비판하고 대안을 제시하기 위해서는 보다 근본적인 문제에 눈을 돌려야 합니다.

우리는 자본주의 사회의 기저에 있는 기독교 세계를 부정할 수 있을까요? 민주주의 제도를 폐지할 수 있을까요? 인권을 부정할 수 있을까요? 인권은 개인의 권리입니다. 즉, 당신 자신의 개성을 포기할 수 있을까요? 자신이 사적으로 소유하는 것들의 권리를 내놓을 수 있을까요? 자신의 능력과 노력이 만들어낸 결과를 공동체를 위해 기꺼이 내놓을 수 있을까요? 또 이때 '혼자만 잘나가려는' 사람이 있다면 그를 본보기로 삼아 엄하게 처벌할 수 있을까요? 이것들이 전부 가능하면 세상은 완전히 달라질 것입니다. 다만 그 과정에서 엄청난 벽에 부딪힐 것입니다. 현대인의 기준과 관점에서 보면 '야만이고 퇴행'이기 때문입니다.

나카무라 슈지는 청색 발광다이오드LED, Light Emitting Diode 상용화에 성공해 노벨물리학상을 받은 입지전적인 인물입니다. 그런데 그에 대해서는 극단적으로 대립하는 두 가지 견해가 있습니다. 즉, 나카무라는 찬사와 비난을 동시에 받는 사람입니다. 이런 평가의 불일치는 개인이라는 개념에 대해 일본인이 저마다 다른 생각을 하고 있음을 보여주는 것입니다. 서양에서라면 나카무라는 틀림없이 대중의 박수갈채를 받았을 것입니다.

나카무라 슈지는 놀라운 업적을 이뤄낸 뒤 자신이 근무했던 회사를 상대로 특허기술의 권리 귀속을 주장하며 소송을 제기했습니다. 회사의 현 경영진에게 원한이 있었다는 소문도 있었습니다. 아무리 그렇다고 해도 재판까지 거는 것은 지나치다는 의견이 일본 내에서 강하게 일었습니다. 결국, 나카무라는 일본을 버리고 미국으로 건너갔습니다.

나카무라는 왜 미국으로 갔을까요? 어쩌면 그가 갖고 있던 '자본가의 본성'이 눈을 뜬 것인지도 모릅니다. 사내에서 상당한 경제적 대우를 받았다고는 해도 한 기술자의, 노동자의 지위는 영원히 달라지지 않는다고 아마 생각했을 것입니다. '회사 사장은 자본가다. 더구나 족벌 경영 체제다. 그들과 제대로 맞서기 위해서는 자신도 '저편'으로 가야 한다. 이쪽에 있는 한 이런저런 방식으로 끊임없이 착취당할 뿐이다.' 이렇게 생각한 것은 아닐까요?

원래 특허기술 사용료를 받아 먹고살겠다는 발상 그 자체가 자본주의를 상징하기 때문입니다. 선진자본주의 국가들이라는 곳에서는 하나같이 제조업의 공동화 현상이 일어납니다. 그래서 이런 사용료밖에 팔 것이 없습니다. 독점적인 특허기술을 갖고 있으면 독주할 수 있습니다. 컴퓨터의 운영체계OS가 그렇습니다. 선진자본주의 국가는 어떻게 하면 이미 확보해둔 권리의 유효기간을 연장할 수 있을까를 궁리합니다.

그런데 온통 권리를 파는 사람들뿐이면 어떻게 될까요? 누가 석유를 굴착하고, 누가 곡물을 수확하려 할까요? 개인의 재능이나 기술, 지식만으로는 사실 아무것도 만들어낼 수 없습니다. 고흐의 생애를 생각해봅시다. 그가 살아 있을 때 그의 그림을 사준 사람은 사실상 그의 동생뿐이었습니다.

루소 역시 마찬가지였습니다. 『에밀』이라는 불멸의 명저를 남긴 위대한 철학자이자 사회학자이며 미학자이자 교육론자로 칭송받지만, 생활고로 네 명의 자녀를 버려야 하는 참담한 처지에 놓였습니다. '특수한 재능과 기술이 있으므로 높은 보수를 받아야 한다'는 것은 결코 보편적인 생각이 아닙니다.

커닝을 악한 행위로 처벌해야 할까

또 하나 살펴보아야 할 것은 대학입시 제도입니다. 대학입시는 개인, 즉 혼자만 이기기 위한 제도입니다. 그로 인해 일어나는 것이 '커닝 문제'입니다. 얼마 전에도 교토대학의 입시문제 중 일부가 시험 도중 인터넷을 통해 유출되는 일이 일어났습니다. 수험생이 휴대전화로 인터넷 질문 사이트에 특정 문제의 답을 알려달라는 글을 올려 문제가 된 사건이었습니다.

이 일을 어떻게 보아야 할까요? 그 학생의 행동에 대한 비판보다는 자본주의 사회에서의 시험제도의 정체성과 본질을 고민하고 통찰하는 일이 훨씬 더 중요하다고 생각합니다. 왜 우리는 매년 대학입시를 치를까요? 대학입시는 스포츠 경기나 카드게임처럼 승부를 겨루기 위한 제도가 아닙니다. 그보다는 특정 대학에서 이루어지는 교육을 특정 학생이 따라갈 수 있는지, 수준이 맞는지 학습능력을 포함한 '통합'적인 능력을 점검하고 판단하기 위한 제도입니다. 여기서 '학습능력을 포함한 통합적인 능력'이라고 말한 이유는 대학교육을 받는 데에는 지적 능력 못지않게 네트워크 능력, 응용력 등 다른 능력도 중요하기 때문입니다.

개인이 가진 한정된 지식을 경쟁하고 판단하기 위한 장치 및 제도로 대학입시를 활용해서는 안 됩니다. 주위의 지식을 동원하고 활용할 수 있는 힘, 집단으로 문제를 해결하는 능력도 존중하고 키워주어야 합니다. 지식은 어느 개인의 것이 아니라 사회 공통의 자산이며 모두의 것입니다. 프랑스의 학교에는 독특한 방식의 시험제도가 있습니다. 교사가 문제를 내면 일단 흩어졌다가 몇 시간 뒤 다시 모여서 답을 쓰는 방식입니다. 그동안 도서관에 가서 자료조사를 하든 다른 사람에게 묻든 혼자 궁리하든 완전히 자유입니다. 이런 시험에서는 커닝이라는 개념 자체가 존재하지 않습니다. 애초에 형식적인 지식으로 답할 수 있는 문제를 내지 않습니다. 좀 더 본질에 대한 이해와 통찰을 요구하는 문제가 제시됩니다. 단순한 퀴즈 같은 문제가 아닌, 깊은 생각이 뒷받침되어야 하고 그것을 논리적으로 설득력 있게 설명해야 하는 문제를 냅니다. 책이나 사전을 뒤지면 누구나 어렵지 않게 적을 수 있는 낮은 차원의 지식을 테스트해서 무슨 의미가 있느냐는 이야기입니다.

다만 이런 방식의 시험을 치르자면 많은 시간과 노력이 듭니다. 마크 용지를 사용하는 선택식이 아닙니다. 수험자의 본질적인 사고력과 감각을 판단하기 위한 문제이므로 답안을 작성하는 데 많은 시간이 소요됩니다. 채점에는 더욱 오랜 시간이 걸립니다. 그러나 일본의 대학에서 이런 방식을 도입하면 먼저 합격자를 발표한 경쟁학교에 학생을 빼앗기게 됩니다. 이런 문제로 실제 도입되기는 어려울 것입니다. 각자의 머릿속에 들어 있는 얼마 되지 않는 지식만이 평가 대상이 되고, 그런 지식을 발휘하도록 평가 및 사회 시스템이 갖춰져 있습니다. 이렇게 해서 개인의 능력은 더욱 급속하게 분리되고 경쟁에 내몰리며 왜소해집니다.

자본가가 팀이 아닌 개인에게 임금을 지급하는 이유

왜 기술과 지식을 공유할 수 없을까요? 함께 상의하고 협력하면 더

좋지 않을까요? 이게 말처럼 쉽지가 않습니다. 어째서일까요? 근대 사회가 개인에게 임금을 지급하기 시작했기 때문입니다. 임금은 개인이 제공하는 노동력의 대가로 지급하는 것, 즉 개개인에게 주어지는 보수입니다. 그런데 현실의 경제활동에서 개인의 힘만으로는 절대로 상품을 만들 수 없습니다. 공예품이나 예술품과 달리 공업제품은 집단적인 방식으로 제조됩니다. 컨베이어 시스템의 경우 개별 노동자는 자기 눈앞의 한두 가지 공정을 처리하고 해결하는 것이 고작입니다.

앞서 언급한 나카무라 슈지의 경우도 마찬가지입니다. 나카무라의 팀에는 몇 명의 동료가 있었을 테니 엄밀히 따지자면 그의 업적은 온전한 개인의 성과가 아닌 공동 작업의 성격이 강합니다. 어떤 형태로든 회사 안팎에 협력자도 있었을 것입니다. 또한, 연구 과정에서 사용한 실험기구와 재료비용을 나카무라 자신이 부담한 것도 아닙니다. 따라서 청색 발광다이오드를 나카무라 혼자 힘으로 온전히 만들어낸 기술로 보기는 어렵습니다.

자본주의 사회에서 상품이든 기술이든 그것을 만드는 데 이바지한 사람이 단 한 명인 경우는 거의 없습니다. 대개 다수의 사람이 연구개발, 혹은 생산에 참여하게 됩니다. 그러므로 개개인이 아닌, 특정 상품을 개발하고 생산하는 데 공헌한 모든 사람에게 일괄적으로 보수 및 성과보수를 지급하고, 그것을 서로 의논해 공정하게 분배해야 한다고 생각합니다.

왜 자본가는 노동자에게 개별적으로 임금을 지급하게 되었을까요? 개인 노동자에게 임금을 분배하는 과정에서 성과의 일부를 가로채기 쉽게 만들기 위해서였습니다. 즉, 모두가 나눠 가져야 할 성과를 가로채는 행위를 누구도 쉽게 파악할 수 없게 하려고 개별 단위의 노동자로 분해한 것입니다. 실제로, 자본주의 이전의 사회에서는 개인의 노동력에 대한 임금이 지급되지 않았습니다. 예를 들어 모내기와 벼 베기를 모든 구성원이 힘을 합쳐 했습니다. 그리고 거기에서 얻는 수입도 동등하게 나눠 가졌습니다.

공업, 즉 산업 현장에서는 개별 임금이 처음부터 명확히 정해져 있습니다. 그것이 각 노동자의 기량이나 경험칙에 따라 세세히 나누어집니다. 농업도 계약노동의 경우에는 임시 일손에 대해 하루에 얼마, 하는 식으로 품삯이 지급됩니다. 이런 방식으로 개인이 임금에 의해 규정됩니다.

아시아적 공동체 공간

앞에서 언급한 공동 노동, 공동 분배 방식의 농업은 지금도 아시아에서 일반적으로 이루어지고 있습니다. 예를 들어 일본의 지방에는

NPO 농업법인을 설립해 구성원이 동등하게 이익을 분배하는 곳이 있습니다. 이것은 개인적 공간과 대조되는 공동체 공간의 형태를 띠고 있습니다.

중국의 '인민공사'는 좀 더 이상적인 형태에 가깝습니다. 다만 실제 성공 여부는 별개의 문제입니다. 실패한 경우 다시 한 번 혁명이 일어났는가 하면 그렇지도 않습니다. 중국에서는 '어떤 지역의 유력자가 부정부패를 저질렀다', '부를 독점했다' 하며 농민들이 들고일어나는 일이 다반사로 벌어집니다. 그런데도 좀처럼 더 큰 폭동으로 이어지지는 않습니다. 왜 그럴까요?

공산당이 철저히 확산을 막고 효과적으로 진압하기 때문이라고 생각하기 쉬운데, 이 역시 제대로 된 설명은 되지 못합니다. 생각해보면 이것은 참으로 이상한 일이 아닐 수 없습니다. 특히나 서양인들의 관점에서는 도저히 그 이유를 알기 어려울 만큼 이상야릇한 일로 받아들여집니다.

실제 중국의 농촌 사회는 어떨까요? 어느 때는 폭동을 일으키고 또 어느 때는 도시로 일자리를 구하기 위해 몰려들지만, 기본적인 농촌 사회의 모습은 해체되지 않았습니다. 할아버지나 할머니, 친척과의 교류, 관혼상제의 관습, 다양한 인간관계가 여전히 유지되고 있습니다. 노동자가 된 후에도 그런 관계와 집단 속의 인간이라는 본래의 정체성은 잃어버리지 않았습니다. 식사할 때도 같이 합니다. 친척, 고

향 사람, 혹은 새로 알게 된 동료와 함께 길가에 테이블을 내어놓고 식사를 합니다. 공동체적 공간이란 바로 그런 것입니다. 중국은 워낙 땅이 넓고 인구도 많아서 그런 모습이 아직 이곳저곳에 남아 있습니다. 쉽게 개인화되지 않습니다.

자본주의 사회에서는 열심히 돈을 벌어 집을 장만한 뒤 모든 가족이 각자 자신의 방을 갖는 것이 누구에게나 하나의 가치이자 목표가 되었습니다. 이렇게 해서 개인의 생활과 사고는 철저히 분리되고 이기심이 싹틉니다. 바로 이 지점에 자본가가 교묘히 파고들 틈이 생기는 것입니다.

자본주의의 인큐베이터가 된 루터 사상

오늘날 우리는 봉건사회를 완전한 암흑사회로 간주하는 경향이 있습니다. 그러나 이 시대에도 부를 재분배하는 나름의 합리적인 시스템이 갖추어져 있었습니다. 그 전형적인 예가 '기부'라는 행위였습니다. 기독교 신자들은 죽기 직전에 전 재산을 처분했는데, 그 대부분을 교회에 기부했습니다. 그렇게 하지 않으면 지옥에 떨어진다고 굳게 믿었기 때문입니다. 죽으면 생전에 행한 일에 대해 옳고 그름을 따지는 심판을 받습니다. "너는 돈벌이로 가난한 사람을 괴롭히고 자신만을 위해 돈을 모았다"라고 잘못을 잡아냅니다. 그럴 때 "아닙니다. 악착같이 돈을 모으기는 했지만 잘못을 뉘우치고 교회에 전 재산을 기부했습니다. 보십시오. 여기 그 증명서가 있습니다"라고 대답하면 천국에 갈 수 있습니다. 아니, 천국에 갈 수 있다고 믿었습니다.

교회에 기부한 신자에게 '면죄부'가 발행됩니다. 그 면죄부를 심판 때 보여주면 천국에 갈 수 있다고 믿었습니다. 물론 이것은 교회가 돈을 모으기 위한 부도덕한 방법이었습니다. 이 시대의 교회는 확실한 봉건적 세력으로 사람들에게서 다양한 방법으로 많은 돈을 빼앗고 착취했습니다. 그러나 그 돈은 건물을 짓고 사회복지를 정비하는 데에 주로 쓰였습니다. 또 일부 주교들이 슬쩍하기는 했지만, 생전에 그 돈을 다 써버렸습니다. 이 거대한 소비로 많은 고딕 양식의 근사한 교회 같은 멋진 건물들이 오늘날까지 남아 있게 된 것입니다. 일본의 오래된 사찰도 마찬가지입니다. 부자의 기부가 없다면 규모가 큰 건축물을 짓기 어렵습니다. 물가가 싸다는 이유만으로 가능한 일이 아니었습니다.

그렇다면 돈 많은 사람이 죽은 뒤 그의 자녀는 어떻게 될까요? 다른 사람들과 마찬가지로 처음부터 시작하는 수밖에 없습니다. 토지와 건물, 부모의 연줄은 남아 있을지 모르지만, 돈은 남지 않습니다. 그러므로 여전히 부자이기는 하지만, 여윳돈이 없으므로 당장 자본가가 될 수는 없습니다.

이때 '지금 살아 있는 세계가 전부다, 지옥은 없다'라고 생각하며 자녀에게 돈을 남겨주기 시작한 것이 유대인입니다. 그래서 그들은 기독교 신자들에게 '돈에 미친 사람들'이라고 욕먹었으며 차별받았습니다. 원래 유대인에게도 '체다카Tzedakah, 자비'의 실천으로서의 기부는 중요한 의무로 여겨졌습니다.

그런데 기독교 내에서 엄청난 '이단자'가 출현했습니다. 독일의 마르틴 루터입니다. 그는 다음과 같이 주장했고, 그의 의견에 동조하는 많은 지지자를 확보했습니다.

"매일 살아 있는 것, 일하는 것, 그것이 신에 대한 봉사다. 힘들게 일한 뒤 얻은 얼마 안 되는 재산을 각자 자유롭게 쓰는 것을 신도 이해해줄 것이다. 면죄부는 결국 교회가 날조한 사기에 지나지 않는다. 따라서 더는 교회에 기부할 필요가 없다. 그래도 얼마든지 천국에 갈 수 있다."

마르틴 루터와 그의 지지자들은 종교개혁을 요구하며 항의했다고 해서 '프로테스탄트'라는 이름으로 불렸습니다. 루터의 주장 자체는 틀리지 않습니다. 왜냐하면, 신앙은 돈으로 사고팔 수 있는 것이 아니기 때문입니다. 그러나 어쨌든 그 사상이 퍼지면서 '인색함'을 좌우명으로 삼는 사람들에게 그럴듯한 핑곗거리를 만들어주는 결과가 되었습니다.

막스 베버가 『프로테스탄트 윤리와 자본주의 정신Die Protestantische Ethik und der Geist des Kapitalismus』1904~1905에서 설명한 내용이 바로 이것입니다. 돈을 쌓아두어도 천국에 갈 수 있다면 부자는 기부하지 않고 자손 대대로 상속하려 할 것입니다. 누군가가 상속받은 돈의 일부는 자본이 되어 새로운 자본을 만들어냅니다. 즉, 프로테스탄티즘이 자본주의를 만들어낸 것입니다. 저축도 인색함이 아니라 또 다른 투자를 이끌어내는 도구입니다.

프로테스탄트가 만들어낸 자본주의의 각성에 대해 맨 처음 이의를 제기한 것은 사회주의자, 혹은 공산주의자였습니다. 그들의 목표는 진정한 민주주의 사회를 실현하는 것이었습니다. '사회주의자가 왜 민주주의를 실현하지?' 하는 의문이 들 수도 있습니다. 그러나 오늘날 자본주의 사회의 민주주의는 진정한 민주주의라고 보기 어렵습니다.

진정한 민주주의는 경제와 정치에서 완전한 평등을 실현합니다. 상속이 가능한 완전 소유가 아니라 일대에 한해서만 소유가 인정되는 경제, 그리고 일부 권력자에 의한 간접민주제가 아니라 공동체 사회에 의한 직접민주제를 실현하는 정치입니다. 경제와 정치가 분리된 근대국가는 이 두 가지를 동시에 만족하게 하기 어렵습니다. 이를 대신하는 새로운 사회체제를 구축하지 않으면 안 된다는 것이 본래의 사회주의 운동이었습니다.

마르크스가 딜레마에 빠진 이유

마르크스는 결국 모든 농민은 노동자가 될 것으로 생각했습니다. 그러므로 농민운동은 필요하지 않다고 판단했습니다. 그런데 일부 유럽을 제외하고는 그의 생각대로 되지 않았습니다. 심지어 프롤레타리아혁명이 성공을 거둔 러시아에서조차 프롤레타리아 세계가 되지 않았습니다. 농민이 일시적으로 노동자를 대신했을 뿐입니다. 아시아의 나라들도 사정은 마찬가지였습니다.

프롤레타리아 시대를 예견했던 마르크스는 고민에 빠졌습니다. 그리고 그는 농업 연구를 시작했고, 다음과 같은 결론에 도달했습니다. 러시아와 아시아 나라들의 농민층이 완전히 분해되지 않은 이유는 그 배후에서 토지제도를 받쳐주는 방식이 서양과는 다르기 때문이었습니다. 즉, 종교와 신앙의 차이가 밀접하게 관계를 맺고 있습니다. 물론 개인은 때때로 이기적으로 행동하지만, 서양사회처럼 이기주의 그 자체가 전제되지는 않습니다.

자본의 세계화는 거기서 일단 멈춥니다. 아이러니하게도 자본주의와 비자본주의를 연결하는 역할을 한 것이 마르크스주의였습니다. 러시아와 동유럽의 농민들은 마르크스 사상을 비자본주의로 이해했습니다. 반면에 블라디미르 일리치 레닌Vladimir Il'ich Lenin, 1870~1924 같은 자파드니키Zapadniky(1840~1850년대에 주로 활동했던 제정 러시아 지식인의

한 유파-옮긴이)는 쉽게 이루어지지 않는 자본주의를 단번에 퍼뜨리는 도구로 마르크스주의를 이용했습니다.

좀 더 유능한 자본가가 되기 위한 지침서, 『자본론』

구소련의 지도층에게 마르크스주의는 손쉬운 '서양화'로 받아들여졌습니다. 말하자면 그들의 뿌리 깊은 서양 콤플렉스가 결국 마르크스주의로 치닫게 했던 것입니다. 즉, 구소련 정치가들의 관점에서 볼 때 마르크스주의는 서양주의의 하나였습니다. 시간이 지나 소련이 붕괴하자 가장 먼저 도망친 것은 다름 아닌 서양적 마르크스주의를 추진하던 지도층이었습니다. 그들은 이미 고도로 자본주의화해 있어서 언제든지 마음만 먹으면 어디로든 손쉽게 이동시킬 수 있는 돈을 넉넉히 갖고 있었습니다. 게다가 자신을 '유럽인'이라고 생각해 죄책감도 적었습니다. 결국, 그들은 사회주의 국가인 중국이나 몽골이 아닌 서방세계에 합류했습니다.

이렇게 남겨진 농민들은 어떻게 해야 할까요? 그들이 지지했던 것은 러시아 냄새를 짙게 풍기는 옐친 같은 지도자였습니다. 그리고 지금은 다시 푸틴에게 향하고 있습니다. 옐친과 푸틴은 얼핏 보면 완전히 다른 타입으로 보이지만, 방법론의 측면에서는 공통적인 면이 많습니다. 둘 다 역설적인 방식으로 마르크스주의를 다루고 있다는 점에서 그렇습니다. 그들은 단 한 번도 마르크스주의를 표방한다고 말한 적이 없습니다. 그러나 비유럽적 사고, 아시아의 공동체적 문명 필터를 통한, 즉 농민의 시선으로 본 마르크스주의를 따르고 있습니다.

얼마 전, 자크 아탈리Jacques Attali, 1943~('유럽 최고의 석학'이라 불릴 정도로 학식이 풍부하며 정치, 경제, 문화, 역사까지 학문의 경계를 자유롭게 넘나드는 다방면의 지식과 날카로운 통찰력으로 사회 변화를 예리하게 전망하는 것으로 유명하다-옮긴이)의 『마르크스 평전Karl Marx ou l'esprit du Monde』이 번역되어 나왔습니다. 아탈리는 이 '아류'의 역사적 의의를 전면적으로 부정합니다. 그는 마르크스와 같은 유대인이면서 철두철미한 서양주의자, 즉 세계화 주의자입니다. 그는 자신의 책에서 다음과 같이 비난을 퍼부었습니다.

"소련과 중국이 '진정한' 마르크스주의를 이해할 수 있을 리 없다. 그런 것은 역사적으로도 빛 좋은 개살구에 지나지 않는다. 마르크스주의의 이미지를 나쁘게 만든 장본인이 소련과 중국이다."

이것이 마르크스주의가 영향력을 상실한 가장 중요한 이유입니다. 소련과 중국이 '아류' 마르크스주의를 펼쳤기 때문이 아니라 '주류' 마르크스주의자들이 마르크스주의를 자본주의의 대체물로 인식했기 때문입니다. '자본주의는 역사적 운명'이라는 것은 마르크스도 언급한 바 있습니다. 그다음의 말을 서방세계의 마르크스주의자가 이어서 계속했습니다.

"그 역사적인 운명에 모든 노동자는 영합하라. 저항해도 소용없다."

예전 일본의 마르크스주의자들을 보면 잘 알 수 있습니다. 옛 제국대학도쿄대학에서 마르크스주의를 배워 한바탕 날뛴 다음에는 마치 아무 일도 없었다는 듯 일본의 재계에 녹아들어 이번에는 노동자를 착취하는 편에 서서 활동했습니다. 노동조합운동을 탄압한 것이 바로 그들입니다. 젊은 사람들은 잘 모르겠지만, 보수 우파 성향의 일본 일간지인 요미우리신문의 현 사장도 원래는 공산당원이었습니다. 그런 까닭에 그들은 누구보다 마르크스주의의 본질을 잘 알고 있습니다. 그것은 '자본주의적으로 살기 위해서는 마르크스를 읽고 그가 던진 문제를 그대로 실천하면 된다'는 공공연한 비밀입니다. 어쨌든 그 대표적인 책 제목이 『자본론』입니다. 이 책에는 노동자를 '정당하게' 착취하기 위한 이론이 쓰여 있습니다.

뒤집어보면 『자본론』은 '자본주의의 바이블'이며 '좀 더 유능한 자본가가 되기 위한 지침서'입니다. 실제로 구소련의 지도자들은 이 책의 내용을 참고해가며 노동자를 착취했습니다. 일본의 마르크스주의자들 역시 마찬가지 방법으로 일본경제의 번영을 이뤄냈습니다. 마르크스주의자들이 노동자를 착취하는 방법으로 막대한 이익을 얻은 것입니다. 그런데 지금도 생존해 있는 전 세계의 마르크스주의자들은 진정한 의미에서 하나로 묶을 수도 없고 그 가능성을 논할 수도 없습니다.

1991년 소련 붕괴로 혁명을 꿈꾸는 마르크스주의자는 슬그머니 모습을 감췄습니다. 상류사회로 가는 마르크스주의로 간판을 바꿔 달았습니다. 간단히 자기비판을 끝내고 마르크스주의를 서양형 민주주의에 영합시켜버린 것입니다. 그러고는 세계화를 끌어들였습니다. 이러한 흐름을 맨 앞에서 주도한 것이 프랑스 사회당과 독일의 사회민주당이었습니다. 최종적으로 그들은 마르크스와 인연의 고리를 끊으려 할까요? 아니면 대담하게도 마르크스를 자본주의의 선도자로 만들어내려는 걸까요? 이것은 역설적이라기보다 엄청난 모순이라고 봐야 할 것입니다.

제4장

세계화와 자본주의 사회

가난했던 개발도상국이 일시적인 호황에 고조되는 것도

이런 자본의 표적이 되기 때문입니다.

그러나 다음 표적이 발견되면 자본은 썰물처럼 빠져나갑니다.

밀물 뒤에 썰물이 찾아오듯 호황 뒤에는 반드시 불황이 닥칩니다.

자본에 의해 황폐해진 나라에는 풀과 나무도 자랄 수 없는

암울한 경제가 기다리고 있습니다. 그리고

그런 경제와 마주하는 것은 그 나라의 국민입니다.

세계화의 본질

최근 들어 '세계화'라는 말을 일상적으로 사용하는 사람이 눈에 띄게 많아졌습니다. 아마도 요즘 세대는 철이 들면서부터 자주 들어온 친숙한 말일 겁니다. 그러나 내가 젊었을 때는 이런 말이 무척이나 생소했습니다. 물론 단어 자체는 있었지만, 일상적으로 거의 쓰이지 않았습니다.

세계화는 한마디로 '세계 규모화'라는 의미입니다. 예전에는 '세계 일체화'로도 번역되었습니다. 기업 활동을 비롯해 사회문화 활동도 여기에 포함됩니다. 그 전 과정이 '세계화'입니다. 세계화에는 이점도 있고 단점도 있는데, 대부분 경제적 과제에 대한 내용을 담고 있습니다. 이를테면 '좀 더 세계화하면 우리 경제에 어떤 이점이 있을까?'와 같은 관점뿐입니다.

그런데 사실 세계화의 본질은 나 같은 학자도 정확히 알지는 못합니다. 돈벌이가 되느냐 되지 않느냐 하는 식의 단순한 이야기가 아닙니다. 세계화라는 실체를 알 수 없는 존재는 사회 시스템의 문제로 국제정치와 경제에 커다란 영향을 미칩니다. 그런 점에서 중요한 주제로 주목받았습니다.

왜 세계화라는 말이 1990년대에 많이 쓰이게 되었을까요? 2014년 한 해를 돌이켜봅시다. 중동의 시리아 문제, 우크라이나 사태와 같은 전 세계적으로 파장이 큰 굵직굵직한 사건을 말입니다. 여기에는 말레이시아 항공기 추락사고 같은 사건도 포함됩니다. 말리 같은 서북아프리카의 극빈국 문제도 있습니다. 빈곤으로 더욱 내몰듯이 이웃나라인 라이베리아, 기니, 시에라리온에는 신종 전염병에볼라이 덮쳤습니다.

이런 사태는 아무런 맥락도 없이 단발적으로 일어나는 것처럼 보이지만, 사실은 하나의 커다란 틀 안에서 진행됩니다. 국제문제로서 전 세계적인 차원에서 대처하는데도 해결 기미가 보이지 않는 것은 당사국만의 문제가 아니라 그야말로 전 지구적인 문제이기 때문입니다. 일본도 센카쿠 열도, 스프래틀리 군도Spratly Islands. 중국명 난사 군도, 파라셀 군도Paracel Islands. 중국명 시사 군도, 독도 문제, 북방영토 문제 등이 여기에 속합니다. 이런 국가 간의 영토 문제에서 보이는 현상도 전 세계라는 틀 안에서 다뤄야 합니다. 거기에는 일련의 관계, 즉 '맥락'이 있습니다. 절대 각국의 특별한 사정이 아닙니다. 그런 문제의 기저에 무엇이 있을까요? 이것을 마르크스가 남긴 사상의 바다에서 찾아보려고 합니다.

『공산당 선언』 속의 세계화

마르크스는 공산주의 사회의 가능성을 최초로 예견한 사람으로 잘 알려졌습니다. 그러나 좀 더 정확히 말하자면, 그는 자본주의의 본질을 깊이 탐구하고 통찰했던 사람입니다. 그 대표적인 저서가 『자본론』입니다. 이것은 자본주의란 어떤 시스템인가를 예견한 책입니다.

이 책보다 20년 정도 앞서서 마르크스가 집필한 『공산당 선언 Manifest der Kommunistischen Partei』1848도 단순히 공산주의 선동서로 읽으면 그의 사상을 오해하기 쉽습니다. 이 책은 자본주의 시스템에 관한 내용입니다. 자본의 자기증식 문제와 그에 동반되는 두 계급, 즉 프롤레타리아와 부르주아에 의한 계급투쟁 문제를 다루고 있습니다. 이전의 봉건적인 계급투쟁에 반드시 등장했던 상인, 농민, 귀족이나 영주 같은 계급은 나오지 않습니다.

프롤레타리아 하면 어떤 사람이 떠오를까요? 직역하면 '무산계급'입니다. 좀 더 정확히 말하면 '노동자'입니다. '노동자가 무산'이라니, 쉽게 이해되지 않을 수도 있습니다. 이에 대해서는 뒤에서 자세히 설명하겠습니다. 노동자에도 여러 종류가 있는데, 여기서는 단순히 노동자로 부르겠습니다.

부르주아는 어떤 존재일까요? 정확히 말하자면 귀족은 아닙니다. 마르크스는 부르주아를 '자본가'로 파악합니다. 새로운 시대, 즉 자본주의 사회의 지배자입니다. 여러분은 사회에 나가면 프롤레타리아가 될까요, 부르주아가 될까요? 조금 모호한 질문일 수도 있습니다. 여러분의 아버지는 어떨까요? 프롤레타리아일까요, 부르주아일까요? 아버지의 아버지는……? 이쯤 되면 대답하기가 점점 더 어려워집니다.

오늘날 대다수의 일본인은 자신이 프롤레타리아인지 부르주아인지 잘 알지 못합니다. 이러한 인식을 피하지 않고 정면으로 맞서는 것이 매우 중요합니다. 일본은 전형적인 자본주의 국가임에도 자본주의의 본질(자본의 자기증식과 그를 위해 노동자를 착취한다는 문제)이 무엇인지 도무지 알 수 없게 되었습니다. 이는 자본주의가 놓은 매우 교묘한 덫입니다.

『공산당 선언』에 관한 이야기로 다시 돌아가 봅시다. 마르크스는 여기서 세계화라는 말을 사용하지는 않았지만, 그 개념을 명확히 드러내고 있습니다. 그것은 '세계시장'이라는 말로 대변됩니다. 자본가들은 급속히 확장해가는 시장에 대응하다 보면 어느 시점에는 반드시 전 세계를 시장으로 해야 하는 상황에 맞닥뜨리게 됩니다. 기업의 규모가 커질수록 국내 시장만으로는 부족하기 때문입니다. 예를 들어 원재료 가격이 국내보다 국외가 저렴하면 상당히 멀리 떨어진 지역에서 조달해야만 합니다. 일단 만들어진 생산물도 국내만이 아니라 세계 곳곳에서 소비됩니다. 그렇게 해야만 이익을 얻을 수 있기 때문입니다. 그 결과, 그전까지 국내 경제가 의존했던 봉건적인 기반은 붕괴합니다. 그와 함께 오랫동안 유지되었던 국민적인 산업과 문화도 파괴됩니다. 새로 등장한 산업과 문화는 개성을 잃어버린 균질적인 것입니다.

확대라는 운명을 등에 진 자본주의와 세계화는 표리일체의 관계입니다. 즉, 세계화 없는 자본주의는 존재하지 않습니다. 자본주의 시스템을 이용하면서 세계화를 저지하기는 어렵습니다. 모든 자본가는 자기 자신만 돈을 벌고 싶어 하므로 거대한 세계시장을 놓치지 않으려고 안간힘을 씁니다.

노동자의 공급 문제도 국내의 틀을 넘어 전 세계적으로 찾게 됩니다. 물론 마르크스 시대에 이 문제는 아직 겉으로 드러나지 않았습니다. 극단적으로 말하면 원재료, 소비, 노동력 등 모든 것이 국외에 있고 그것을 이용하는 자본만 국내에 있는 기묘한 상황이 벌어집니다. 이렇게 해서 전 세계가 자본주의와 세계화에 잡아먹히고 말 거라는 것이 마르크스 예측이었습니다.

마르크스가 자본가 편을 들었다고?

세계화와 관련해서 등장하는 것이 '프리 트레이드Free Trade', 즉 자유무역에 관한 논쟁입니다. 이는 국가를 초월한 경제활동에 관세와 같은 경제적 장벽을 설치하지 않는다는 개념입니다. 자유무역으로 자본주의의 세계화는 더욱 촉진됩니다.

이 자유무역에 반대하는 개념이 '보호무역'입니다. 마르크스 시대에는 19세기 영국에 '곡물법'이란 것이 있었습니다. 외국으로부터의 곡물 수입을 금지하거나 거기에 높은 관세를 부과함으로써 국내의 봉건적인 농업 지주들은 보호를 받습니다. 가격 경쟁을 하지 않아도 되므로 국내의 곡물 가격은 올라가고 지주도 부유해집니다. 이 법률은 리처드 코브던Richard Cobden, 1804~1865(영국의 방직업자 출신 정치가. 자유무역과 평화를 추구하는 평화주의자로서 하원의원이 되어 곡물법 폐지를 주장했으며 자유무역을 옹호하였다-옮긴이)과 존 브라이트John Bright, 1811~1889(빅토리아 여왕 시대에 자유무역을 옹호한 영국의 개혁정치가이자 퀘이커교도-옮긴이)의 반대운동으로 1846년에 폐지되기까지 30년간 지속하였습니다.

유럽의 주요 곡물은 밀입니다. 옛날 우리의 쌀에 해당합니다. 보호무역으로 밀 가격이 오르면 생필품 가격이 덩달아 오릅니다. 당시 노동자의 공급원은 주로 농민이므로 국내의 농업이 촉진되면 공업노동자가 되려는 사람이 줄어듭니다. 그럼으로써 노동자의 시장가치는 높아지고 임금도 오릅니다.

노동자의 임금이 오르면 가장 난처해지는 것이 상공업의 산업자본가입니다. 이런 맥락에서 이들 자본가는 자유무역을 주장하게 됩니다. 이 무렵에는 아직 자본주의의 세계화는 일어나지 않았습니다. 그런데도 국내의 밀 가격이 내려가면 노동시장에 농민들이 넘쳐나게 되고, 그 결과 노동자의 임금이 떨어지면서 자신들의 이익은 오를 것으로 생각했습니다.

'자유'라고 하면 우선 듣기에는 좋지만, 자본주의 사회에서 이것으로 이익을 얻는 일부 사람들의 '자유'에 지나지 않습니다. 다른 사람은 '부자유'의 시작입니다. 이 곡물법은 결국 폐지되었는데, 양쪽으로 나뉘어 격렬한 논쟁이 벌어졌습니다(마르크스 대 리카도David Ricardo, 1772~1823[애덤 스미스Adam Smith, 1723~1790에 이어 고전경제학을 완성한 경제학자-옮긴이]의 곡물법 논쟁은 유명합니다).

마르크스의 견해는 그런 이견들보다 '한 수 위'였습니다. 뜻밖에도 그는 곡물법 폐지에는 찬성했습니다. 물론 자유무역으로 자본가들이 노동자를 착취해 부당한 이익을 얻는 데 대해서는 불쾌하게 생각했습니다. 그러면서도 봉건사회에서 기득권을 누리며 편하게 살아온 지주 계급이 붕괴한다는 점은 긍정적으로 생각했습니다. 오히려 곡물법을 폐지하고 자유무역을 추진함으로써 농민을 봉건적 지주에서 해방해 노동자 수를 늘려가는 것이 긴 안목에서 보았을 때 좋을 것으로 판단했던 것입니다. 그는 자본주의 사회 안에서 봉건적인 계급이 구축된 뒤 노동자와 자본가 사이에 최종적인 계급투쟁이 일어나기를 기대했습니다.

이 논리를 단순하게 바라보면 역설적이게도 마르크스를 세계화의 기수 역할을 한 인물로 인식할 수도 있습니다. 더 나아가 결과적으로 그가 변절한 뒤 노골적으로 자본가의 편에 선 것이 아닐까 의심할 수도 있습니다. 그러나 좀 더 자세히 살펴보면 그렇지 않다는 것을 명확히 알게 됩니다.

그는 이때 이미 이득과 손실의 양 측면을 모두 진지하게 고민하고 검토했습니다. 이득은 봉건사회의 지배계급이 붕괴하는 것이고 손실은 그를 대신하는 새로운 권익집단이 생겨나 노동자의 임금을 떨어뜨리는 것입니다. 세계가 그런 방향으로 굴러가는 것을 도저히 막을 수 없는 운명 같은 것으로 그는 인식했습니다. 갇혀 있던 우리에서 힘센 짐승이 풀려나듯 거침없이 확대해가는 자본주의의 힘, 즉 세계화해가는 힘을 어느 누구도 막을 수 없다고 생각했습니다. 쉽게 말해 '갈 데까지 가라'는 것이 솔직한 그의 심정이었습니다.

냉전 붕괴와 세계화

자본주의 시대가 되었다고 해서 세계화가 일직선으로 퍼져나가는 것은 아닙니다. 그 움직임은 때때로 정체를 겪습니다. 앞을 향해 힘차게 달려나가다가 잠시 멈추고, 다시 나아가다가 주춤하는 일을 반복합니다. 마르크스가 생각했던 것처럼 아직 갈 데까지 가지 못했습니다. 노동자 측면에서 보면 은근히 골탕을 먹이듯 진행하는 것입니다.

그런 세계화라는 말이 본격적으로 언급된 것은 1990년대, 냉전 체제가 붕괴했을 무렵이었습니다. 즉, 제2차 세계대전 이후의 세계질서로서 미국과 서방세계가 주도하는 자본주의 사회와 소련과 중국, 동구세력이 주도하는 사회주의 사회(마르크스가 생각했던 사회주의 사회와는 비슷한 것 같지만, 사실은 다릅니다)가 정면으로 대치했는데, 이것이 바로 전 세계를 뒤덮었던 '냉전'입니다.

그런데 소련의 경제정책이 실패하고 아프가니스탄에 대한 군사적 개입이 장기화하자 국내에서도 비난이 일어 제도와 조직을 재구축하지 않을 수 없게 되었습니다. 이것이 바로 '페레스트로이카재건, 재편'입니다. 1991년에 결국 소련은 붕괴했고, 70년 이상 이어진 '사회주의'의 간판을 내리게 됩니다. 이전의 국가명인 러시아를 부활시키자 우크라이나를 비롯한 구성국들은 차례로 독립하고, 동맹국이었던 동유럽의 나라들도 차례로 사회주의의 간판을 내립니다. 그리고 중국은 '사회주의 국가' 체제를 유지한 채 자본주의 사회에 문호를 개방할 수밖에 없게 됩니다.

그때 자본주의 사회의 지배계급인 자본가들은 개방된 러시아, 중국, 동유럽의 나라들에서 새로운 시장을 찾았습니다. 상품을 팔기 위한 소비시장으로서뿐 아니라 노동자를 발굴할 공급시장으로서도 그렇습니다. 서양과 일본 노동자의 임금은 그들이 보았을 때 지나치게 높았습니다. 즉, 러시아와 중국 같은 신천지가 자본주의의 노동시장에 편입되면서 단번에 노동자의 임금을 끌어내려 좀 더 큰 이익을 얻을 기회가 생긴 것이었습니다. 이 기회가 세계화라는 형태로 출현하게 되었습니다.

미국의 다국적기업이 자본주의의 기수 역할을 맡은 가운데 일본 기업은 중국에, 독일 기업은 동유럽에 진출합니다. 그곳에서 두 나라 모두 막대한 이익을 얻습니다. 제동이 걸리지 않는 세계화는 결국 아시아와 아프리카 대륙의 여러 나라로 향합니다. 이후 좀 더 많은 이익을 얻을 수 있는 확실한 토대를 만들기 위해 들고나온 것이 바로 자유무역입니다. 이것은 19세기 초에 영국의 곡물법을 둘러싸고 일어났던 논쟁과 유사합니다. 그러고 보면 100년, 혹은 200년 동안 거의 같은 논쟁을 벌이고 있는 셈입니다. 이러한 경향이 더욱 두드러진 것은 1990년대 이후입니다.

격차가 확대되다

순식간에 세계화가 전개되어 자본주의 사회가 확대됨으로써 생긴 가장 큰 변화는 소득 격차입니다. 일본의 경우, 예전에는 자본가를 포함해 연간 500억 원을 버는 사람이 거의 없었습니다. 그런데 지금은 500억 원은 흔한 편이고, 드물게 10조 원을 버는 사람까지 생겼습니다. 반면 중간층의 소득은 거의 변하지 않았고, 저소득으로 생활하는 사람은 크게 늘었습니다.

우리에게는 세계화의 확대로 '세계 각국의 생산품을 저렴하게 사서 생활이 여유로워질 것이다'라는 기본 전제가 깔려 있었습니다. 이 전제는 세계화의 또 다른 측면입니다. 자유무역을 확대하면 좋은 물건을 값싸게 살 수 있습니다. 그런데 그와 함께 임금도 오르느냐 하면 그렇지 않습니다. 오히려 장기적으로 보면 임금은 지속적으로 내려갑니다. 세계화를 꾀한 자본가들은 이 점을 기대했으므로 당연한 결과입니다.

세계화가 급속히 진행될수록 국가 간의 격차는 점점 더 뚜렷해집니다. 대학 등급이나 기업투자지표 같은 격차가 국가에도 고스란히 적용되는 것입니다. 이것으로 '선진자본주의 국가'라는 말이 더욱 커다란 의미를 지니게 됩니다. 여기에서 선진자본주의 국가란 G7을 말합니다. 미국, 영국, 프랑스, 독일, 이탈리아, 캐나다, 일본의 7개국입니다. 여기에 이전까지 옵서버였던 러시아를 더한 것이 G8입니다. 단, 러시아는 선진자본주의 국가는 아닙니다. 최근에는 G20도 생겼는데, 기존의 G8에 한국, 브라질, 인도, 멕시코 등의 신흥국을 더한 20개국이 포함됩니다.

더 이상 세계는 일부 선진자본주의 국가만으로는 움직이지 않게 된 것입니다. 돈벌이가 될 때는 자기들끼리만 어울리더니 상황이 기울기 시작하자 '세계는 공동운명체'라고 떠들어대는 식입니다. 아무튼, 이로써 이전에는 'G7이거나 그 이외'라는 단순한 격차였던 것이 'G7선진자본주의국 - 러시아 - G20신흥국 - 그 외'라는 서열이 되었습니다. 이것으로 '그 외'의 국가에는 G7과 G8은 어렵지만, 잘하면 G20에는 들어갈 수 있을지도 모른다는 환상을 심어줍니다. 그런 나라가 나타나면 자본가들의 새로운 먹잇감이 되기에 십상입니다. 가난했던 개발도상국이 일시적인 호황에 고조되는 것도 이런 자본의 표적이 되기 때문입니다. 그러나 다음 표적이 발견되면 자본은 썰물처럼 빠져나갑니다. 밀물 뒤에 썰물이 찾아오듯 호황 뒤에는 반드시 불황이 닥칩니다. 자본에 의해 황폐해진 나라에는 풀과 나무도 자랄 수 없는 암울한 경제가 기다리고 있습니다. 그리고 그런 경제와 마주하는 것은 그 나라의 국민입니다.

몇몇 국가와 자유무역협정을 체결한다는 것은 그 안에서 국가의 서열이 정해지는 것을 의미합니다. 이론적으로는 서열이 높으면 국민은 부유해지고 서열이 낮으면 가난해집니다(물론 국민 전부가 부를 누릴 수 있는 것은 아닙니다). 그럼 자유무역협정을 체결하지 않으면 어떻게 될까요? 이쪽 역시 가난해질 수도 있고 부유해질 수도 있습니다. 자유무역협정에 참가하지 않는다고 해서 그 즉시 경쟁에서 밀려나는 것은 아닙니다.

기업은 일단 자유무역협정을 체결한 국가 집단 내에서 돈벌이를 해야 한다고 생각하면 그 외부에 자본을 이전합니다. 자유무역협정 외측에 있는 나라가 그런 기업을 받쳐주는 역할을 하면 이익을 얻을 수 있습니다. 낮은 법인세율 등이 자본주의 사회에서 살아남는 국가의 조건이 됩니다.

두 얼굴을 가진 다국적기업

그러나 순조롭게 추진되었던 세계화는 일시 정지합니다. 직접적인 원인이 된 것은 2008년 9월에 미국에서 터진 리먼 브러더스 사태입니다. 이것은 무엇을 상징할까요? 세계화에 의한 확대, 즉 미국과 서방세계, 일본을 중심으로 한 선진자본주의 국가가 막대한 이익을 얻기 위해 세계시장을 확대했던 방향, 그것이 일단 좌절되었음을 의미합니다.

리먼 브러더스 사태 이후 세계는 크게 변모했습니다. 기업의 세계화는 일단 제쳐놓고 '모국 회귀' 현상이 일어난 것입니다. 1929년 대공황이 일어났을 때도 이런 사태가 벌어졌습니다. 그것은 당연히 자본으로부터의 요구였습니다. 예를 들면, GM이나 도요타는 한편으로는 전 세계적으로 높은 인지도와 영향력을 가진 국제자본이면서 고유의 국적을 갖고 있습니다. 즉 GM은 미국, 도요타는 일본이라는 '내셔널 플래그National Flag'를 갖고 있습니다. '내셔널 플래그'란 원래 선박이 내거는 국기로, 배의 국적을 표시하는 깃발입니다. 즉 어느 나라를 모항母港으로 하는지를 판별하기 위한 표식입니다. 그런데 일본의 선박회사가 소유하는 선박이 모두 일본 국적이냐 하면 그렇지 않습니다. 대부분 파나마 선박이나 라이베리아 선박입니다. 이 두 나라의 선박이 전 세계 선박의 30% 이상을 차지합니다. 그렇게 해야 등록세를 낮출 수 있기 때문입니다. 선원도 대부분 중국인이나 필리핀인입니다. 해양을 무대로 하는 만큼 세계화가 극단적으로 진행된 것이 조선업입니다.

다국적기업도 조선업과 마찬가지입니다. 그런데도 세금이 비싼 선진국에 본사를 두는 이유는 그쪽에 큰 이점이 있기 때문입니다. 그렇지 않으면 공장뿐 아니라 본사도 국외로 나갈 것입니다. 평소 아무런 문제가 없을 때, 즉 세계화가 착착 진행되어 막대한 이익을 얻을 때는 국가나 국적에 전혀 신경 쓰지 않습니다. 오히려 국적 따위는 필요

없다고 생각할 것입니다. 전 세계에서 천문학적인 이익을 얻어 자본을 긁어모은 다음 축적합니다.

그런데 리먼 브러더스 사태 같은 큰 사건이 터져서 더는 상품이 팔리지 않게 될 때, 이익이 큰 폭으로 감소하거나 심각한 손해를 입으면 즉시 모국에 울며 매달립니다. 예를 들면 '우리는 자랑스러운 미국 기업이다. 자동차 산업은 우리 국민 사회의 역사, 문화 그 자체다' 하는 식으로 떠듭니다. 사실 어떤 다국적기업이든 한창 돈을 벌 때는 모국에 이익을 거의 환원하지 않습니다. 세금 형태로 내는 액수가 크다고는 하지만, 그 기업이 남기는 전체 이익에 비하면 매우 사소한 금액에 지나지 않습니다. 그러나 리먼 브러더스 사태 이후 많은 기업이 국가에 울며불며 매달리고 애원해서 크고 작은 재생 원조를 받았습니다. GM은 거의 국유화되기도 했습니다. 이 과정에 엄청난 금액의 세금이 투입되었습니다. 어느 기업을 살리고 어느 기업을 버릴까 하는 선긋기는 그 시점의 집권 정부가 결정합니다. 당연히 이면에서 여러 가지 정치적, 금전적 거래가 있을 것입니다.

다국적기업은 정말로 본사를 두고 있는 국가의 국민을 위해서 존재할까요? 절대로 그렇지 않습니다. 국외에서 제품을 생산하고, 국외 노동자에게 임금을 지급하고, 국외에서 상품을 판매하고, 심지어 세금도 국외에서 냅니다. 개중에는 생산과 소비의 대부분이 국외에서 이루어지는 기업도 적지 않습니다. 일테면, 일본을 '내셔널 플래그'로 내거는 기업이 막대한 이익을 얻었다고 해서 일본 국민의 생활이 윤택해지는 것은 절대 아닙니다. 이런 기업이 어려울 때 '비빌 언덕' 그 이상도 이하도 아닌 모국을 감탄고토甘呑苦吐의 태도로 이용하니 참으로 뻔뻔한 일이 아닐 수 없습니다.

제5장

다양화하는 세계

미국은 왜 러시아와 중국이 서양화하는 것을 싫어할까요?
현재 미국의 주도권 아래에 있는 국제 자본가들이
미국적 자본주의가 더는 돈벌이에 도움되지 않는다고 판단되면
언제든 미국을 배신하고 미련 없이 떠날 수 있는 데다
최악에는 (새로운 돈벌이를 보장해줄 가능성이 가장 큰)
러시아나 중국으로 옮겨갈 가능성이 크기 때문입니다.

새로운 '제국'의 시대

세계화는 유일 패권국이었던 미국을 중심으로 전개되었습니다. 특히 21세기가 시작되면서부터는 일극 집중형이 되어 강력한 군대와 거대 자본이 세계를 지배했습니다. 미국만 두드러진 패권국이고, 여기에 서양세계 즉 영국, 프랑스, 독일 같은 국가들이 합류하여 막강한 그룹을 형성했습니다. G7에 의한 세계질서인데, 이것은 2000년대의 이야기입니다. 이 상황을 새로운 시대의 '제국'이라고 말한 사람도 있습니다. 선진자본주의 국가가 그 외의 '선진적이지 않은' 자본주의 국가를 물리적인 폭력과 자본의 힘으로 지배하는 구조라는 견해입니다.

우리가 그동안 세계사 시간에 교과서에서 배웠던 19세기부터 20세기까지를 휩쓸었던 제국주의의 '제국'과는 큰 차이가 있습니다. 그 시대에 각 제국은 독립해서 저마다 아프리카나 아시아를 지배했습니다. 이들 다수의 제국은 늘 서로 팽팽히 대립하는 상태였습니다. 다수의 제국이 서로 맞서서 전쟁을 벌이는 상태를 '제국주의 전쟁'이라고 부릅니다.

그러나 21세기에 시작된 '제국'은 하나의 '제국'입니다. 그래서 안토니오 네그리와 마이클 하트가 쓴 『'제국'』의 제목에도 작은따옴표가 붙습니다. 여기에서 작은따옴표는 다음과 같은 의미입니다. 이 '제국'은 이전에 있었던 제국주의의 제국과는 별개입니다. 즉, 인류가 처음 경험하는 '제국'인 셈입니다. 또 그 '제국'은 다른 것으로 대체하거나 그것과 대등하게 싸울 수 있는 국가나 집단이 존재하지 않는다는 의미도 내포하고 있습니다.

제국주의 시대의 제국은 각각 독립해서 존재했으므로 권력 이행이 일어날 가능성이 늘 있었습니다. 그러나 새로운 '제국'은 유력 국가의 집단이라서 '제국' 외부에 있는 한 거스를 수도 물리칠 수도 없습니다. 냉전 붕괴 이후부터 21세기 초까지 아시아와 아프리카의 나라들뿐 아니라 러시아, 중국, 인도 같은 큰 나라도 전부 이 '제국'의 하위에 편입되었습니다. 말하자면 '제국'에 의한 새로운 제국주의가 20세기 후반을 지배했다고 해도 지나치지 않습니다.

미국의 패권이 무너지다

그러나 2008년에 일어난 리먼 브러더스 사태로 '제국' 간의 이익이 단절되어버립니다. 미국, 영국, 프랑스, 독일, 일본이 자국의 이익을 지키기 위해 공통의 '제국'적 이익의 상호관계를 강조하지 않고 뿔뿔이 흩어진 것입니다. 또 하나는 중심을 차지하고 있던 미국의 힘이 상대적으로 약해진 데에 원인이 있습니다.

리먼 브러더스 사태로 가장 큰 손해를 입은 것은 당연히 불길의 진원지인 미국입니다. 이로써 미국은 이전의 강력한 권력을 유지할 수 없게 되었습니다. 여기에는 오랫동안 계속된 중동과 아프가니스탄에서의 전쟁이 크게 영향을 미쳤습니다. 끝도 없이 이어지는 전쟁의 여파로 경제적으로는 재정적자와 무역적자의 쌍둥이 적자에 빠졌습니다. 그리고 그 결과 정치, 외교, 군사 면에서 미국의 국제적인 힘과 영향력이 눈에 띄게 감소했습니다.

미국 내 '제국'적 자본은 '제국'적 구심력을 잃은 것을 보완하기 위해 러시아와 중국으로 눈을 돌리고 있습니다. 이들은 대규모 신흥국 시장에 물건을 파는 수밖에 없습니다. 이제까지 일본 기업들은 자사의 제품을 대부분 미국이 사주었으므로 핵심고객인 미국 없이는 버텨낼 수 없는 체질이 되어버렸습니다. 그런 맥락에서 지금까지 일본은 미국에만 집중적으로 투자를 해왔습니다. 그러나 이제 그 흐름이 완전히 달라졌습니다. 중국에 투자하고 중국에 팝니다. 중국은 이제 단순한 생산기지가 아닙니다.

아무튼, 이 무렵부터 본격적으로 커다란 경제적 전환이 일어나기 시작했습니다. 이 경우 경제의 중심, 소위 경제의 개발력이나 자본이라는 점에서는 큰 변화가 없습니다. 정작 바뀐 것은 투자처와 소비시장입니다. 마찬가지로 서방세계의 국가들도 러시아(인도, 브라질에 비하면 산업 생산력이 약하고, 여전히 석유나 천연가스 같은 연료를 세계시장에 공급해주는 역할을 합니다)와 중국으로 향했습니다. 이렇게 해서 이 두 나라에 세계의 자본이 몰려들어 불과 수년 만에 근대화가 이루어졌습니다.

세계의 모든 자본이 이 거대한 두 개의 시장을 목표로 했으므로 비정상적인 경제성장이 일어나서 고급 소비재, 예컨대 자동차나 에어컨 같은 물건이 대량으로 팔리게 되었습니다. 베이징과 상하이 거리의 극적인 변화가 그 단적인 예입니다. 일본에서 30년 걸렸던 것이 이곳에서는 불과 7~8년 만에 이루어졌습니다.

그로 인해 어떤 문제가 생겼을까요? 미국을 중심으로 한 '제국' 연합이 약해진 대신 러시아와 중국의 영향력이 상대적으로 커졌습니다. 그 힘은 과거의 군사적인 의미보다 경제적인 성격이 강합니다. 지금은 이 두 나라가 재채기를 하면 선진자본주의 국가들은 심각한 독감에 걸려 앓아누울 정도로 치명적인 타격을 입게 됩니다. 제품 생산이든 소비시장이든 전부 제동이 걸립니다. 여기에 인도까지 가세한 새로운 세력이 상대적인 균형을 찾아가는 과정에서 국제적 지위와 영향력을 높여가고 있습니다. 이것이 2010년 이후에 점점 노골화한 현상입니다.

새로운 대립구도

그전까지 있었던 '제국' 질서의 붕괴는 최근에 일어난 우크라이나 문제와 시리아 문제, 북아프리카 문제, 일본을 둘러싼 영토 문제 등으로 거침없이 분출했습니다. 그런 한편 세계화에 전혀 예기치 못한 방향으로 위기가 찾아왔습니다. 세계화의 전개로 전 세계가 '제국'의 지배 아래에 놓여 있었는데, 갑작스럽게 반항하는 세력이 등장한 것입니다.

그러나 이 역시 세계화의 결과로 생겨난 현상 중 하나입니다. 본격적으로 진행된 세계화로 거대하게 팽창한 자본주의 사회는 밖에 있는 세력을 적극적으로 끌어들이는 수밖에 없었습니다. 러시아와 중국 같은 나라의 경제성장을 떠받쳐 새로운 시장을 만들어내지 않으면 계속 상품을 팔 수 없게 되었기 때문입니다. 그 결과 자본주의는 더욱 확대됩니다. 따라서 네그리와 하트의 '제국'론은 어떤 의미에서 과거의 것이 되어버렸습니다.

새롭게 구 '제국' 대 러시아와 중국 등의 '제2 세력'의 대립관계가 만들어졌습니다. 이는 20년 전 냉전 시대의 구도와 상당히 비슷합니다. 냉전은 미국과 서유럽을 포괄하는 '서 측'과 러시아와 동유럽, 중국 등의 '동 측'이 자본주의와 사회주의를 기치로 내걸고 치열하게 대립하고 경쟁하던 시대였습니다. 동서 양 진영은 한국전쟁1950~1953과 베트남전쟁1955~1975에서 군사적으로 격렬하게 충돌했습니다. 천만 다행히도 이 두 전쟁 모두 전 세계가 연루되는 대전으로 비화하지는 않았습니다. 이렇게 해서 양 진영이 관계를 끊고 서로를 견제하게 됩니다. 이것을 전쟁에 가까운 상태라고 해서 '냉전'이라고 표현한 것입니다.

어떤 이유에서 냉전 당시와 비슷한 세계가 부활했는가에 대해서는 뒤에서 좀 더 생각해봅시다. 여기서는 이른바 '제2 세력'이 되는 나라가 과거의 사회주의 국가, 마르크스주의를 표방했던 국가라는 사실을 확인해두는 것이 중요합니다. 예전의 사회주의 국가는 자본주의에 완전히 편입되지 못함으로 인해 오히려 자본주의 국가의 관점에서 매력적인 시장으로 여겨졌습니다. 소비시장과 노동시장 양 측면에서 모두 그렇습니다. 교육 수준은 높은 데 반해 노동임금은 낮다는 이점도 있습니다. 거의 모든 서방국가가 러시아와 동유럽 국가로 진출하는 것은 바로 그런 맥락에서입니다.

내가 유고슬라비아현재의 크로아티아의 자그레브Zagreb에 머무를 당시만 해도 아직은 사회주의 제도가 유지되고 있을 때였습니다. 그런데도 이탈리아의 자동차회사 피아트 공장이 그곳에 세워져 가동되고 있었습니다. 그때 이미 동유럽은 자본주의 세계시장의 일부가 되어 있었던 것입니다. 일본은 1980년대에 중국에 진출했습니다. 곧이어서 서양의 기업들이 뒤질세라 중국 시장에 뛰어들었습니다. 러시아와 중국은 큰 나라인 만큼 잠재적인 힘을 지니고 있었습니다. 당시에도 이 두 나라가 언젠가는 독자적인 힘을 발휘하게 되는 것은 자명한 일로 여겨졌습니다.

선진자본주의 국가가 오리엔트 문제를 다루는 방식

또 하나 강조해야 할 문제가 있습니다. 러시아와 중국, 인도 같은 나라는 서양국가와는 문화권에서도 상당한 차이가 있습니다. 불과 수십 년 전까지만 해도 서양에 대해 문화적 위협이 되었던 것은 대부분 이슬람권이었습니다. 예를 들면 이란, 이라크, 아프가니스탄은 '제국'(일본을 제외하고 모두 기독교 국가입니다)의 관점에서 볼 때 이질적인 존재, 즉 경제적으로는 지배할 수 있지만, 문화적으로는 완강히 화합하지 않는 나라였습니다. 이것을 군사적 위협과 공격으로 그럭

저럭 통제하는 데까지는 성공했습니다.

다만 러시아와 중국은 이슬람 국가처럼 원리주의 국가는 아닙니다. 자본주의에 유연하게 대응할 수 있고 어느 정도 압력을 견뎌낼 확고부동한 정치 시스템과 경제력도 갖추고 있습니다. 또한, 두 나라는 사회주의 국가 시스템을 도입하여 운영해본 역사를 갖고 있습니다. 그런 시스템이 여전히 남아 있으므로 '이질'적인 것인데, 그 이질성이 가장 눈에 띄는 점입니다. 그리고 이것이 자본주의, 바꿔 말하면 기독교 문명을 대신할 가능성을 품은 힘이라는 점도 중요합니다.

좀 더 거슬러 올라가 봅시다. 더욱 근본적인 문제로 인식해야 할 것은 러시아와 중국을 포함하는 아시아가 인류 문명에서 서양이나 일본 같은 주변 문화권과 비교하면 훨씬 오래된 전통을 이어온 중앙 문화였다는 점입니다. 오랜 문화 에너지가 이후의 정치 시스템과 융합하여 강력한 힘이 되어 부상했습니다.

그것은 10년도 더 된 이슬람교도와의 문화적 대립과 새뮤얼 헌팅턴Samuel P.Huntington, 1927~2008이 1996년에 '문화의 충돌'이라는 말로 증명했을 때의 상황과는 확연히 다른 거대한 힘입니다(종교의 대립을 넘어 '전통적 문화'의 대립이라는 문제입니다). 또 헌팅턴의 '문명의 충돌'에 앞서 1992년에는 프랜시스 후쿠야마Francis Fukuyama, 1952~가 '역사의 종언'을 언급해 관심을 모았습니다(자본주의 사회야말로 인류의 목표라는 주장을 담고 있습니다). 이 '역사의 종언'설 역시 지극히 낙관적인 자본주의 사회의 견해를 대변하는 주장이라는 것을 알 수 있습니다.

그 무렵 세계에는 서양적인 '민주주의와 인권' 사상이 만연해 있었습니다. 민주주의와 인권사상은 자본주의라는 경제 조직에 의해 유지됩니다. 이것은 매우 분명한 사실입니다. 이 이념을 토대로 한 후쿠야마의 주장은 민주주의와 인권은 자본주의와 한몸을 이루므로 세계 역사가 '민주주의, 인권, 자본주의'가 전 세계 구석구석까지 확대된 단계에서 '종말'을 맞이하게 될(안정화될) 것이라는 의미입니다. 즉, 그는 자본주의가 끝까지 살아남을 것이라고 결론지었습니다. 이는 서양의 기독교 사회에서 생겨난 것으로, 위에 언급한 방향이 필연적인 역사라는 견해입니다. 그러므로 이를 대신할 역사는 절대로 있을 수 없습니다.

민주주의와 인권이라는 금과옥조의 '방패'가 있으므로 자본주의도 전 세계에 침투할 것입니다. 이런 과정을 통해 서양이 동양을 '정의의 힘'으로 문명화한다는 도식이 만들어졌으며, 그 완성의 시기가 도래했다는 것입니다. 전 세계가 마르크스의 사상과 정반대로 기울어진 순간이었습니다. 그렇게 해서 자신감을 갖고 추진했는데, 그 꿈은 2008년에 허무하게 끝장나버렸습니다.

이것은 단순한 '종교전쟁'을 넘어 전통적 문화의 대립 성격도 갖고 있습니다. 오늘날의 세계에서는 종교와 주의를 초월한 거대한 역사의 물결이 일고 있습니다. 아시아의 오랜 대국이 유구한 역사 속에서 유지해온 것이 마침내 얼굴을 드러내기 시작했습니다. 서방세계의 수뇌들이 위협을 느끼는 것은 굳이 말할 필요도 없습니다.

이번 문제는 서양이 만들어낸 자본주의의 근본문제를 제시한 것으로 간단한 차원의 내용이 아닙니다. 이것은 새로운 오리엔트의 문제였습니다. 참고로, 오리엔트 문제란 서양이 동양을 정복하고 지배하기 시작할 무렵 만들어진 개념입니다. 세계는 다양화한다고 하는데, 정확히 말하면 원래 다양화되어 있던 문명이 표면화된 것이라고 할 수 있습니다.

자파드니키와 나로드니키

이와 같은 문제에 대해 마르크스도 1840년대부터 1850년대에 러시아 문제, 혹은 오리엔트 문제라는 형태로 자신의 의견을 주장합니다. 마르크스는 당시 영국에 살고 있었지만, 태어난 곳은 독일 내 프랑스 문화권이었으므로 러시아나 중국을 비롯한 아시아 국가들에 대해서는 잘 모르고 있었습니다.

"러시아와 아시아는 야만적이다. 반면에 서양은 민주주의에 의해 문명화되었다. 이 문명은 결국 러시아와 아시아를 극복해 이들 역시 문명화할 것이다."

마르크스가 『자본론』을 쓰기 전에 『공산당 선언』에서 전개한 발상이 바로 이것입니다. 그에 따르면 세계화의 확대로, 즉 전 세계가 세계화함으로써 서양적 가치관, 서양적 문명도 본격적으로 세계에 보급될 것입니다.

최종적으로는 자본, 혹은 자본주의가 전 세계에 문명을 가져다줄 것입니다. 여기에는 몇 가지 무시하기 어려운 문제점도 있지만, 거대한 흐름을 거스를 수는 없을 것입니다. 마르크스도 1850년대까지는 그렇게 생각했습니다. 이것이 그가 곡물법 폐지를 지지했던 논리의 기반이기도 합니다.

마르크스의 관심은 마침내 동방으로 향합니다. 그때 러시아의 한 '나로드니키Narodniki(19세기 후반 러시아에서 '인민주의'를 이념으로 사회주의 혁명운동을 실천한 세력-옮긴이)'가 그에게 접근합니다. 나로드니키는 러시아의 민족주의자, 즉 러시아 지상주의자입니다. 선뜻 이해되지 않을 수도 있는데, 러시아는 '서양화한 아시아'입니다(사실은 동독인 프로이센도 프러시아Prussia, 즉 '절반은 러시아'라고 마르크스는 생각했습니다). 그 근원은 몽골족의 자손이라는 점에 있습니다. 그런데 근세가 되어 표트르 1세 때 그전까지의 아시아 문명을 과감히 버리고 유럽 문명으로 방향을 바꾸었습니다. 그로 인해 러시아는 향후 200여 년에 걸쳐 서서히 유럽화했습니다.

그 후 러시아 황제와 상류계급은 유럽풍의 그림과 세간이 잘 갖춰진 유럽식 궁전에 살면서 음악과 춤을 즐기며 유럽식 예의범절을 익혔습니다. 그러나 그것만으로 러시아 국민 전체가 유럽화한 것은 아니었습니다.

러시아 황제 차르는 역사적으로 몽골 황제 칸Khan을 본보기로 삼았습니다. 더구나 몽골적 정치제도 하에서 성립했으므로 이 현상을 어떻게 극복해야 좋을까 하는 논쟁이 일어났습니다. 이것이 정반대되는 두 가지 주장을 만들어냈습니다. 하나는 '자파드니키Zapadniky(1840~1850년대에 활약한 러시아 지식인의 한 파-옮긴이)', 이른바 서양 지상주의자의 다음과 같은 주장입니다. '근대적 유럽의 뒤를 쫓아, 철저히 공업을 발전시키고, 자본주의를 발전시키면 구태의연하고 케케묵은 차르 체제는 붕괴할 수밖에 없다.'

그런 역사의 필연적 전개로 일단 근대적인 절대왕정이 되었습니다. 자파드니키들은 그 또한, 혁명으로 무너지고 최종적으로는 민주주의화할 것으로 생각했습니다. 또 하나는 마르크스를 방문한 나로드니키의 다음과 같은 주장입니다. '우리 러시아는 영국처럼은 되지 않는다. 러시아의 오랜 역사는 황제 한 명이 서양화되었다고 해서 그리 간단히 바뀔 리 없다. 오히려 그 이전의 몽골 시대로 거슬러 올라가 아시아 특유의 성질을 체득하여 다시 그때로 돌아간 뒤 서양기술을 적절히 조화해야 한다.' 그렇게 아시아에 남아 있으면서 서양문화를 받아들인다는 식으로 생각했습니다.

아시아식 농업은 자본주의를 만들어낼 수 있는가

이런 맥락에서 어느 나로드니키가 『자본론』을 쓴 마르크스에게 "선생께서 지금 쓰고 계신 내용을 저희 러시아에도 적용할 수 있습니까?"라고 물은 것입니다. 마르크스는 당연히 "그렇다"고 답했습니다. 또한, 그는 러시아는 필연적으로 유럽의 뒤를 따르게 되리라고 예측했습니다. 그러자 그 나로드니키가 다시 마르크스에게 다음과 같은 질문을 던졌습니다.

"모든 나라가 일렬로 서 있습니다. 선두에 영국과 미국, 독일, 프랑스가 있고, 한참 뒤에 러시아가 있습니다. 그런데 이렇게 되면 언제 따라잡나요? 100년 후인가요, 200년 후인가요? 만일 그렇다면 지금 우리가 하는 노동운동에서 과연 의미를 찾을 수 있을까요? 선진국 영국에서조차 노동자에 의한 혁명은 일어나지 않습니다. 그런데 영국보다 100년, 200년이나 뒤처진 러시아에서 노동운동을 하는 것이 도대체 무슨 의미가 있을까요?"

마르크스는 전 세계에서 혁명이 일어나기를 기대했으므로 그 질문에 뭐라고 대답해야 할지 난감했습니다. 잠시 침묵한 뒤 그는 이렇게 말했습니다.

"자본주의의 발전 양식은 서양에 한정됩니다. 나는 서양의 농업문제, 서양의 공업문제를 연구해왔으므로 그 이외의 나라들, 즉 러시아나 아시아의 다른 나라들에 대해서는 자세히 알지 못합니다. 그러니 아직은 한정적인 이론이라고 보아야 할 것 같습니다."

이 해명은 『자본론』의 '프랑스어판'에도 쓰여 있습니다. 마르크스는 그때까지의 자신의 연구로는 뭔가 부족하다는 점을 깨달았을 것입니다. 나로드니키에 협력을 구한 지 얼마 안 되어 그들에게 다양한 자료와 문헌이 도착했습니다. 당연히 러시아어로 쓰여 있어서 읽을 수가 없었습니다. 그래서 마르크스는 쉰 살이 넘은 나이에 러시아어를 공부하기 시작했습니다.

나로드니키의 주장에는 이해가 가는 점이 있었습니다. 러시아에는 오래전부터 미르mir 공동체(러시아의 독자적인 농민공동체)라는 것이 있는데, 이 공동체 사회는 자본주의 체제에서도 쉽게 붕괴하지 않습니다. 이것을 억지로 해체하려 하면 러시아의 특수성은 사라져버립니다. 따라서 이 선택은 러시아 민족의 고유한 역사와 문화를 부정하고 그 근원에 있는 힘을 없애는 일이라며 나로드니키들은 비판했습니다. 공동체가 살아남으면 그것을 중심으로 새로운 사회혁명을 일으킬 수 있다고 그들은 생각했습니다.

전통적인 공동체를 중심으로 해서 새로운 자본주의 사회를 통과하지 않는 형태로 사회주의 사회를 건설하는 것이 과연 가능할까요? 마르크스도 이 화두에 큰 관심을 두고 다양한 책을 읽으며 치밀한 분석을 시도했습니다. 이에 대해서는 『마르크스 엥겔스 전집Karl Marx-

Friedrich Engels Werke』 가운데 마르크스의 독서 노트가 발표되지 않아 정확히 알 수는 없습니다. 다만 그의 관심이 러시아 연구를 경계로 그쪽으로 옮겨간 것만은 분명해 보입니다.

마르크스가 최종적으로 도달한 것은 '아시아의 농업은 과연 자본주의 사회를 만들어낼 수 있는가' 하는 근원적인 문제였습니다. 이런 맥락에서 표면적으로는 자본주의 확대에 대해 이야기하면서도, 사실은 세계화가 그리 간단히 전 세계에 퍼지지는 않을 것이라고 그는 생각했습니다.

소련의 사회주의가 실패한 근원적 이유

1917년, 러시아에서 사회주의 혁명이 일어났습니다. 혁명의 주모자이자 지도자인 레닌은 나로드니키가 아닌 자파드니키입니다. 레닌의 선배 격인 인물로 플레하노프Georgii Valentinovich Plekhanov, 1856~1918가 있습니다. 러시아 최초의 마르크스주의자인 그도 어떤 의미에서는 서양 지상주의자입니다.

당시 많은 러시아 청년이 유럽에 유학했습니다. 그들은 발전이 뒤처진 러시아에서 어떻게 유럽과 같은 선진적인 나라로 이행할 수 있을지를 다양한 유럽 서적을 읽으며 고심했습니다. 그들은 혁명 후 러시아에 서양식 근대화를 추진할 것을 요구했습니다. 바꿔 생각하면, 레닌과 그 계승자가 이룩한 혁명정부인 러시아는 서양식 자본주의를 사회주의 혹은 공산주의라는 이름으로 단번에 달성한 전혀 새로운 세계였습니다.

그러나 그것은 치명적인 실패로 귀결되었습니다. 왜 실패인가 하면 혁명의 진행 과정에 앞의 '러시아적인 것'에 대한 배려가 전혀 없었기 때문입니다. 오히려 지나치게 러시아적이었으므로 실패한 것이 아니냐는 견해도 있는데, 전혀 그렇지 않습니다. 서양적인 필터를 통한 사회주의화를 실행함과 동시에 자본주의화도 추진하게 되었다는 데에 더 큰 문제가 있습니다. 그것이 연쇄적으로 다른 문제들을 일으켰고, 결국 실패로 끝나게 된 것입니다. 소련의 방식은 '영국식'이었습니다.

소련은 농민들을 철저히 착취했고, 그 과정에서 얻은 이익을 바탕으로 공업화로 이전하려 했습니다. '인클로저'라는 말이 있는데, 영국에서는 이 방법으로 농민들의 이익을 빼앗았습니다. 먼저 그들에게서 토지를 빼앗아 농사지을 기회를 박탈한 다음 노동자로 만들었습니다. 그런 다음 노동자를 재생산함으로써 세계 최초의 인위적 자본주의 사회를 만들었습니다.

소련 역시 토지 국유화와 근대적인 공업화를 추진했습니다. 국가가 직접 나서서 자본주의 방식을 사회주의 체제 안에 적용하고 실행에 옮겼습니다. 그것도 점진적으로 추진한 것이 아니라 급격하게 전개했고, 그로 인해 수많은 부작용이 생겼으며, 결국 실패로 이어졌습니다.

아시아적 요소와 마르크스적 요소의 융합을 꾀한 마오쩌둥

'그렇다면 러시아를 나로드니키적, 러시아적 마르크스주의 이론에 따라 한 번 더 무너뜨리면 되지 않을까?' 하는 생각을 할 수 있을 겁니다. 실제로 이 점을 누구보다 재빨리 간파하고 과감히 실천에 옮긴 사람이 있습니다. 바로 마오쩌둥1893~1976입니다. 마오쩌둥은 소련이 걸려든 자파드니키적 사회주의 실천을 자세히 재검토했습니다. 그 결과 중국의 사회주의에 중요한 것은 농업이지 공업이 아니라는 결론을 내렸습니다. 이런 과정을 거쳐 농업적인 사회 속에 성립하는 코뮌 '인민공사'라는 개념이 생겨났습니다. 이른바 농업과 공업의 일체화에 의한 지방으로부터의 자치권 획득입니다. 물론 이론과 현실은 달랐지만, 적어도 이론적으로는 그렇습니다. 마오쩌둥은 최종적으로 아시아적 체질에 기반을 둔 공산주의 국가를 지향한다는 것을 명확히 했습니다.

여기서 사회주의와 공산주의의 차이에 대해 간략히 짚고 넘어갑시다. 뜻밖에 많은 사람이 이 두 가지 용어를 혼동하는 것 같습니다. 제대로 설명하자면 아마 책 한 권으로도 부족할 겁니다. 간단히 정리하면 다음과 같습니다.

- **사회주의** – 국가가 사적 소유를 제한한다. 편의적인 토지의 국유화. 자본에 대한 과세. 자본가의 경제활동 제한. 이렇게 해서 얻어진 이익을 국민에게 재분배하는 사회.

- **공산주의** – 평등이라는 대원칙에 따라 사적 소유 자체를 전혀 인정하지 않음. 토지의 공동소유화. 자본의 개념이 없고, 자본가도 없음.

마오쩌둥이 인식한 공산주의 개념은 60여 년의 시간을 거치면서 좀 더 명료해진 것이 아닐까요?

냉전체제가 붕괴한 뒤 러시아와 동유럽에서는 사회주의 국가가 무너졌습니다. 그런데도 어째서 중국만은 건재할까요? 이는 매우 중요한 문제입니다. 중국은 아시아적 요소와 마르크스적 요소를 융합해 자본주의에 대항하기 위한 근본 사상을 마르크스주의 안에서 읽어내려고 했습니다. 그런데도 전 세계를 뒤덮은 자본주의화의 물결에 제대로 맞서기는 어려웠습니다. 그 결과 '표면적인 자본주의'와 '심층에 있는 중국적 접근'을 병존시키는 방향으로 나아갔습니다. 다소 부자연스럽고 위험해 보이지만, 장대한 실험의 과정에 있으므로 어느 정도는 예측된 일이기도 합니다.

우리는 매사를 자본주의 관점으로만 보려는 경향이 있습니다. '낡은 사회주의 체제를 유지하는 이유는 그 체제 안의 극소수 인간들에게 도움이 되기 때문이다. 중국 일반 국민의 민주주의와 인권은 치명적으로 손상된 그대로다. 티베트와 위구르의 현상을 봐라.' 이렇게 비판합니다. 나름대로 일리가 있는 주장이지만, 전적으로 옳은 견해는 아닙니다.

소련은 좀 더 자본주의에 가까워지기(서양화하기) 위해 사회주의와 마르크스주의 사상을 이용했습니다. 그 시도까지는 좋았다고 인정해 준다 하더라도 인민의 사적 소유를 원천적으로 금지하면서 공산당원에게만 허락한 데에 치명적인 오류가 있습니다. 그로 인해 공산당은 독점적 자본가 집단이 되어 외부의 자본주의 사회와 자본주의적 방식으로 싸우는 기묘한 사태가 벌어졌기 때문입니다. 말하자면, 적의 근거지에서 적이 가장 잘하는 방식으로 승부를 겨룬 셈입니다. 그러니 실패를 피할 도리가 없었던 겁니다. 아무튼, 무너지기 직전의 소련은 이미 강력한 국가독점자본주의 나라가 되어 있었습니다. 그리고 마침내 힘이 다해 사회주의 간판을 내릴 무렵에는 중간급 자본주의 국가가 되어 있었습니다.

향후 세계 판도를 뒤바꾸어놓을 육상수송

러시아와 중국은 선진자본주의 국가를 위협하기 위한 '비장의 카드'를 갖고 있습니다. 비장의 카드는 이데올로기나 사상 같은 것이 아닙니다. 그것만으로는 상대에게 치명적인 위협이 되지 못하기 때문입니다. 핵무기나 탄도 미사일을 보유하고 있다는 것도 결정적인 위협이 되지 않습니다. 그걸 사용하는 순간 상대뿐 아니라 자신도 똑같이 파멸을 맞이하게 될 것이기 때문입니다.

그렇다면 러시아와 중국이 가진 비장의 카드는 과연 무엇일까요? 그중 하나는 현대사회에서 가장 강력한 경제적 무기로 논의되는 자원과 에너지가 이 두 나라에 다량으로 매장되어 있다는 사실입니다. 러시아와 중국의 면적은 지구 총 육지 면적의 약 1/3 정도를 차지합니다. 불행인지 다행인지 그 주변에 있는 인도, 이란, 이라크, 아프리카 대륙에 석유, 희토류, 금, 다이아몬드 등의 주요 자원이 집중 매장되어 있습니다.

원래 자원이 부족한 곳은 서양입니다. 실제로 영국과 프랑스는 간신히 석탄 정도나 조달할 수 있을 정도입니다. 그 점에서는 일본도 별반 차이가 없습니다. 중앙아시아를 중심으로 양쪽 끄트머리 지역에는 거의 아무것도 없습니다. 역설적이게도 오히려 자원이 부족하므로 서양과 일본은 자본주의적인 경제성장을 이룰 수 있었다고 말할 수도 있습니다.

16세기, 서구제국은 바닷길을 개척해 다른 나라를 침략하여 차례로 패권국가가 되었습니다. 흔히 "후추를 찾아 세계로 떠났다"고 표현하는데, 자원이 없는 나라가 세계에서 자원을 찾기 위해서는 해양국가라는 형태에 의지할 수밖에 없었습니다. 이른바 대항해 시대와 그에 동반되는 식민지건설의 시대가 펼쳐졌습니다. 그들은 아시아와 아프리카에 진출하여 엄청난 양의 자원을 싣고 돌아왔습니다. 이것을 원재료로 삼아 산업혁명을 일으켰고, 그 과정에 축적된 이익은 자본주의 체제를 탄생시키는 원동력이 되었습니다. 이것은 마르크스가 '본원적 축적'이라고 설명한 과정으로, 착취와 지배의 비합법적인 과정이었다고 할 수 있습니다. 그리고 이와 같은 방법은 지금도 계속되고 있습니다.

영국과 프랑스는 기본적으로 석유나 천연가스를 선박으로 운반합니다. 미국의 석유도 시나브로 고갈되고 있는데, 예전에 선진자본주의 국가 중 유일한 자원을 가진 패권국이었던 그때의 환상을 지키려고 애쓰고 있습니다. 그 과정에서 대대적인 셰일가스Shale Gas의 상품화 보도가 이어졌습니다(셰일가스가 실용화되려면 원유가가 높게 유지되어야 합니다. 원료 개발은 전적으로 투자 효율성의 문제라서, 일반적으로 선진국에서 원료를 개발하는 이점은 크지 않다고 할 수 있습니다). 자원·에너지를 소유하는 것은 국력과 직결됩니다. 그런 까닭에 중동으로 이어지는 해상 운송로를 지키기 위해 전쟁도 불사합니다.

해상 운송은 400년 넘게 중요성을 유지해왔는데, 16세기 이전에는 해양이 경제활동과 직결되지는 않았습니다. 그 대신 실크로드 같은 육상수송 수단이 중시되었습니다. 그 중심에 있었던 것이 중앙아시아 지역이었습니다. 물론 인도양 무역도 중요했지만, 아시아의 동쪽 끝에서 중국, 러시아, 그리고 지금의 중앙아시아의 내륙을 통과해 물품과 자원을 운반했습니다. 그런 터라 아시아 중앙부에서 멀리 떨어진 나라는 문명적으로나 경제적으로 뒤처질 수밖에 없었습니다. 그 중에서 문명과 문화, 경제가 가장 발달했던 나라가 러시아와 중국, 중동지역이었습니다.

이 구도는 일단 완전히 뒤집혔는데, 앞으로 다시 한 번 뒤집힐 가능성이 있습니다. 바로 육상수송의 복권입니다. 그렇다고 해서 오늘날과 같은 시대에 낙타 등에 실어서 사막의 대상이 상품을 옮길 수는 없는 노릇입니다. 새로운 육상수송 수단은 석유나 천연가스의 파이프라인과 도로망입니다. 이것이 급속히 발전하고 있습니다. 가령 이란에서 산출된 석유가 아프가니스탄을 지나 중국으로, 그리고 세계로 운반됩니다. 그런 한편으로 러시아에서 시작되는 파이프라인이 우크라이나 문제로 끊어져 독일 경제에 타격을 입히기도 했습니다. 아무튼, 이 지역에서 최근 고속도로, 철도, 도로의 정비가 착실히 진행되고 있습니다. 경제적 비용에 있어 육상수송은 해상수송과 비교하면 압도적으로 우세합니다. 그쪽으로 이행하면 경제적 우위를 획득할 수 있고, 반대로 그것을 잃으면 꼼짝달싹할 수 없는 상황이 일어날 것입니다.

세 개의 포인트를 봉쇄하여 중국과 러시아를 고립시키려는 미국의 전략

중앙아시아의 파이프 선로망은 넓기는 한데 전반적인 교통망의 정비는 충분하지 않습니다. 높은 산지와 혹독한 기후, 적은 인구 등이 그 이유입니다. 그러나 교통수단이 다양한 형태로 발달하는 것을 생각하면 이 지역의 지리적 잠재력을 얕볼 수는 없습니다. 자원과 인구 면에서 가능성이 있다는 점에서 '세계의 중심'으로 주목받을 만합니다.

미국은 여러 가지를 생각하는 나라입니다. 세계의 중심에 위치하는 중앙아시아에 자본이 집중하면 '제2의 아메리카'가 될지 모른다고 염려합니다. 이것은 지정학의 범주에 속하는 이야기입니다. 아무튼, 세계의 중심이 유라시아 대륙의 중앙으로 이동하고 있다는 주장이 점점 더 설득력을 얻고 있습니다. 아이러니하게도 이 지역의 두 대국, 즉 러시아와 중국은 오래전부터 사이가 좋지 않습니다. 실제로 러시아와 중국은 제2차 세계대전 이후에도 몇 차례 작은 충돌을 반복했습니다.

그러나 만일 앞으로 이 두 나라가 손을 잡는다면 세상에 두려울 게 없을 겁니다.

현시점의 세계 정치는 어떨까요? 러시아와 중국은 서양이 구축해 놓은 질서에 순응하며 협력하는 편입니다. 뜻밖의 일로 생각되겠지만, 미국은 이러한 상황을 불편하게 느끼는 것 같습니다. 미국 정부 측 고위 관계자들의 언행을 분석해보면 분명하게 알 수 있습니다.

그렇다면 미국은 왜 러시아와 중국이 서양화하는 것을 싫어할까요? 현재 미국의 주도권 아래에 있는 국제 자본가들이 미국적 자본주의가 더는 돈벌이에 도움되지 않는다고 판단되면 언제든 미국을 배신하고 미련 없이 떠날 수 있는 데다 최악에는 (새로운 돈벌이를 보장해줄 가능성이 가장 큰) 러시아나 중국으로 옮겨갈 가능성이 크기 때문입니다. 자본가들은 세계 권력 축이 이동할 때 엄청난 기회를 잡을 수 있다는 걸 본능적으로 알고 있습니다. 이렇듯 국가와 자본은 마치 이와 잇몸처럼 평소 서로 의지하다가도 서로 이익이 충돌하는 상황이 벌어지면 언제든 배신할 수 있는 존재입니다.

자본주의 국가는 자본에 외면당하면 그것으로 끝장입니다. 그런 까닭에 미국은 중앙아시아 지역을 통제하고 봉쇄할 치밀한 전략을 세웁니다. 러시아와 중국 주변에는 키르기스스탄, 카자흐스탄, 우즈베키스탄, 투르크메니스탄, 아프가니스탄, 파키스탄 같은 나라가 모여 있습니다. 나라 이름 뒤에 붙는 '스탄'은 국가라는 뜻입니다. 그 바로 남쪽에는 강대국 인도가 있습니다. 그리고 러시아와 중국 사이에 끼어 있듯 자리 잡고 있는 것이 몽골입니다. 오래전에 전 세계를 벌벌 떨게 했던 패자입니다. 이런 나라가 동서 양 진영의 움직임을 주시하면서 호시탐탐 기회를 노리고 있습니다. 한편, 서방진영은 이들 나라가 러시아와 중국에 잠식당하지 않도록 끊임없이 공작을 펴고 유사시에는 적극적인 개입도 마다치 않습니다.

러시아와 중국 주변에는 중앙아시아만 있는 것이 아닙니다. 그 반대쪽에는 극동지역이 자리하고 있습니다. 이쪽에는 한국과 일본을 포함하는 극동아시아와 대만, 필리핀, 베트남 등이 속한 동남아시아가 있습니다. 이들 역시 보통 방법으로는 마음대로 다루기 어려운 나라들입니다. 남중국해와 동중국해를 잇는 해상의 경계는 일본을 거쳐 사할린, 캄차카 반도로 이어집니다. 이것이 제2 포인트입니다. 제3 포인트로는 동유럽이 있습니다. 북쪽은 핀란드까지 포함해 리투아니아, 라트비아, 에스토니아 등의 발트 3국, 폴란드, 우크라이나, 카스피 해와 흑해 사이를 지나 중동, 아프리카에 이릅니다. 이렇게 중앙아시아, 동아시아, 동유럽, 세 곳의 포인트를 봉쇄함으로써 러시아와 중국의 움직임을 제한하고 통제하려는 전략입니다. 그러나 '포인트점'라고 하기에는 너무 넓은 지역입니다. 드넓은 두 나라를 연결함으로써 그 주변 지역도 더욱 넓어집니다.

러시아와 중국이 다시 미국을 위시한 서방세계의 경계 대상이 된 이유는 이런 지리적 특성 때문이라고 할 수 있습니다. 뒤집어 말하면, 그 지리적 특성이 러시아와 중국이 가진 또 하나의 '비장의 카드'가 됩니다. 더구나 자원과 에너지가 풍부한 데다 원래 대국이었으며(인구가 많고 땅이 넓다) 예전의 승전국이었다는 사실 등이 다른 비장의 카드와 합쳐져서 '제2의 세력'으로 국력을 과시하게 되었습니다. 결국, 세계 역사가 마침내 그 본질적인 문제를 드러내기 시작한 것입니다. 후쿠야마가 말한 '역사의 종말' 같은 '태평스런 시대'는 아직은 먼 일인 것 같습니다.

무엇을 위한 집단자위권인가

러시아와 중국의 측면에서 보면 이상하다고 생각될 정도로 미국은 이 두 나라를 거세게 압박하고 있습니다. 그러나 일본 대중매체를 접하거나 정부 발표를 듣고 있으면 난폭한 중국 정부가 경찰력을 동원하여 일본 섬들 주위의 영해를 침범하는 모습이 두드러집니다. 자연스럽게 '남중국해에서 동중국해로 이어지는 해상 선을 철통같이 지키지 않으면 해양무역에 의존하는 일본 경제가 심각한 위협을 받게 된다. 그런 움직임이 있으면 강력히 대처하자' 하며 각오를 다지게 됩니다. 그렇게 해서 다시 전면에 등장한 것이 '집단자위권'에 대한 논의입니다.

미국은 오래전부터 이 문제를 일본에 들이밀었습니다. 처음에는 주로 대러시아 전략의 차원이었습니다. 오부치 게이조 정권, 모리 요시로 정권에서 일본이 러시아에 조금씩 다가가려고 하자 그 움직임을 철저히 차단해버렸습니다. 2001년, 고이즈미 준이치로1942~ 정권이 등장하면서 이 집단자위권 문제를 좀 더 강하게 요구했습니다. 아마도 고이즈미를 자국의 이익을 위해 이용하기 적당한 인물이라고 생각했을 것입니다.

고이즈미 정권은 다나카 마키코1944~(일본 최초의 여성 외상으로, 친중파로 알려졌음)를 외무대신에 기용하여(누가 보아도 예상외의 발탁이라 할 만한 인사였습니다) 표면적으로는 친러파인 스즈키 무네오1948~와 감정싸움을 벌이면서 외무성의 친러파를 완전히 차단했습니다. 나의 지인인 사토 마사루1960~(전 외무성 직원으로 일본을 대표하는 논객)는 스즈키 무네오의 '참모'였다는 사실에 이런저런 이유가 더해져 교도소까지 들어갔습니다.

쟁점을 흐리기 위해서 다나카 마키코도 쌍방을 같이 처벌하는 차원에서 경질되었습니다. 사실 이런 사태는 이미 그녀가 취임한 직후부터 그 징후가 보였습니다. 미국의 리처드 아미티지Richard Armitage, 1971~ 국무부 장관과의 만남을 그녀가 갑자기 취소해버린 것이었습니다. 정서적으로 이용당하는 것이 마음에 들지 않았던 탓인지, 정치적으로 계획된 이유에서였는지는 정확히 알 수 없습니다. 아무튼, 이 건으로 그녀는 '외교 음치'라는 꼬리표를 달게 되었고 정부 내에서 거센 비난이 일었습니다.

이때 아미티지는 미사일 방어에 대해 논의하기 위해 일본에 왔습니다. 그가 갑자기 일본을 방문한 이유는 중국과 북한의 장거리 미사일이 미국 본토를 타격할 수 있다는 위협을 느꼈기 때문입니다. 그런 배경에서 중국이나 북한이 미국으로 발사하는 미사일에 대해 "본국에서 요격하면 이미 늦다. 그러니 일본이 그 전에 떨어뜨려 달라"고 요청하기 위해 찾아온 것이었습니다. 상당히 뻔뻔스러운 이야기가 아닐 수 없는데, 여기에는 아마도 대중이 알지 못하는 모종의 내막이 있을 것입니다.

어쨌든 일본의 자위대가 미국을 겨냥해 발사한 미사일을 요격하는 것은 지금의 안보조약 내에서는 불가능합니다. 그러니 당장 집단자위권을 인정하고 동맹국인 미국을 위협하는 공격에 맞서 함께 싸워달라는 것입니다. 결국, 장거리 미사일 문제는 명분용일 뿐이고 일본과 미국이 동맹관계를 강화하여 함께 대중국, 혹은 대러시아 전쟁을 치를 수 있도록 준비하자는 의도였습니다.

그러나 많은 헌법학자가 이에 대해 반대 의견을 분명히 밝혔습니다. 나도 그 당시, 이 문제에 관한 심포지엄에 참가해서 반대 의견을 표시했습니다. 이런 헌법 해석은 절대로 용납할 수 없다는 의견이 팽배했고 국민도 대체로 이에 동의를 표했습니다. 당시 집단자위권은 인정되지 않았지만, 그 여파로 일본과 러시아의 관계는 완전히 끊어졌습니다. 외무성에는 친미파가 득세하기 시작했습니다. 고이즈미 정권은 그에 대한 대가로 '한때의 호황'을 미국한테서 선물 받았고, 국민 모두 거기에 잔뜩 취해 있었습니다. 이것이 2008년경까지의 이야기이고, 그 이후로는 미국에 그런 힘이 없습니다.

그러나 미국은 다시 일본을 찾아옵니다. 이것은 현재 진행 중인 이야기입니다. 이번에는 '러시아와 중국이 드디어 해양으로 나온다'는 명문을 내걸었습니다. '러시아는 발트 해, 중국은 남중국해와 동중국해의 평화를 위협하고 있다. 일본은 서둘러 집단자위권에 관한 법률을 정비하여 함께 우리의 해양을 지키자'라고 아베 신조 정권에 강한 압력을 가하고 있습니다.

하지만 발트 해가 이렇다저렇다 말해도 일본인은 쉽게 이해하지 못합니다. 그런 맥락에서 상징적으로 언급된 것이 센카쿠 열도 문제였습니다. 우리는 보통 화산이 문제가 되기 시작하면 하나의 화산 활동에만 주목하는 경향이 있습니다. 그러나 그 주위에 거대한 화산대가 존재하는 경우가 많습니다. 이렇듯 갑작스럽게 눈앞에 나타난 문제도 자세히 살펴보면 커다란 구조 안의 한 점에 불과합니다. 국민적인 관심과 작은 문제의식은 세계로 이어집니다. 그리고 쉽게 조작됩니다.

마르크스가 러시아를 비판한 이유

이 세계를 뒤덮고 있는 거대한 구조도 역사라는 관점에서 보면 쉽게 알 수 있습니다. 예를 들면, 나폴레옹 전쟁Guerres napoléoniennes, 1803~1815(프랑스혁명 당시 프랑스가 나폴레옹 1세재위 1804~1814/15의 지휘하에 유럽의 여러 나라와 싸운 전쟁의 총칭-옮긴이)과 크리미아 전쟁Crimean War, 1853~1856, 제1차 세계대전World War I, 1914~1918은 모두 돌발적으로 일어난 전쟁이 아닙니다. 거기에는 하나의 커다란 흐름, 즉 정치적인 맥락이 있습니다.

그것은 1812년, 프랑스군이 나폴레옹 전쟁으로 러시아의 절반을 빼앗은 데서부터 시작됩니다. 그러나 러시아는 역공을 가해 프랑스군을 몰아냈습니다. 이 상황은 서방세계가 차르를 중심으로 한 절대왕정의 봉건적 세계에 공격당하는 위험천만한 상태라는 '인식'을 만들어냈습니다.

1848년, 프랑스에서는 시민혁명이 일어났습니다. 그 유명한 2월혁명입니다. 그러나 이 혁명은 사회주의의 출현에까지 이르지는 못했습니다. 이런 현실 앞에서 마르크스는 몹시 실망했습니다. 이때 마르크스는 러시아 문제에 대해 글을 쓰고 있었습니다. 그가 러시아에 대해 비판적으로 글을 쓴 것은 '나폴레옹의 야심을 무너뜨리고 프랑스혁명의 성공을 방해한 장본인이 다름 아닌 러시아'라고 생각했기 때문입니다.

실제로 러시아는 프랑스의 2월 혁명이 성공하지 못하도록, 혁명이 주변에 미치지 못하도록 폴란드 국경에 군대를 보냈습니다. 또한, 터키 국경부터 오스트리아 국경 주변에도 군대를 보내 압력을 가했고, 그런 위압 속에서 오스트리아와 헝가리의 왕후 귀족들이 시민운동을 짓밟아버렸습니다. 러시아가 직접 손을 쓴 것은 아니지만, 후방에서 대기하며 압력을 가했습니다.

이때의 상황은 지금의 우크라이나의 경우와 비슷했습니다. 마르크스는 이런 러시아의 방식을 거세게 비판했습니다. 지금 서양인들이 우크라이나 문제에 강력히 개입하는 것은 19세기부터 계속되는 역사의 맥락이 있기 때문입니다. 그러나 아이러니하게도 그 후 세계 최초로 사회주의 혁명이 일어난 곳은 러시아였습니다. 프랑스혁명이 확산하지 못한 데는 다른 이유가 있었습니다.

다시 빗나간 마르크스의 예측

러시아가 서방측에 대한 탄압을 강화하자 영국과 프랑스의 민주주의가 위기에 처했습니다. 여기서 '러시아를 공격하지 않으면 안 된다. 러시아의 전선을 저쪽으로 밀어내지 않으면 안 된다'는 문제의

식이 일어난 것입니다. 그렇게 해서 발발한 것이 바로 크리미아 전쟁입니다.

크리미아 반도는 흑해 북쪽으로 튀어나온 교통의 요충지입니다. 러시아의 측면에서는 전략적으로 매우 중요한 곳이라서 우크라이나 문제가 일어났을 때도 러시아군이 재빨리 이곳부터 제압했습니다. 원래는 당시 발칸 반도를 점령했던 오스만튀르크와 러시아의 세력 싸움이었습니다. 그러나 러시아의 국력이 강해진 상황에 쇠퇴일로를 걷고 있던 오스만튀르크가 러시아의 압력에 대항하지 못하면 러시아의 남하로 영토를 빼앗길 수밖에 없었습니다. 위협을 느낀 영국과 프랑스가 이 상황에 적극적으로 개입하면서 전쟁이 일어났습니다. 바꿔 말하면 크리미아 전쟁은 유럽의 '선진자본주의 국가들'과 '뒤처진 러시아'의 싸움이었습니다.

마르크스는 이 전쟁에 내심 잔뜩 기대를 걸었습니다. '강대국들이 이기주의에 빠져 전쟁을 반복하다 보면 민중이 분노해 다시 유럽 어딘가에서 1848년과 같은 시민혁명이 일어나지 않을까? 그리고 이번에야말로 사회주의 사회로 이행할 가능성이 열리지 않을까' 기대에 부풀었던 것입니다. 이 무렵에 마르크스는 러시아의 나쁜 점을 적극적으로 들추어내어 영국과 프랑스의 민중을 선동하는 방법을 취했습니다.

이 문제의 최종적인 결과로 발발한 것이 제1차 세계대전입니다.

크리미아 전쟁으로 러시아를 쫓아버린 것까지는 좋았는데, 그 틈을 타고 오스트리아와 독일이 남하했습니다. 최종적으로 어부지리를 얻은 것은 그들이었습니다. 남하한 오스트리아와 독일은 국력을 강화하고 군사력을 증강하여 발칸 제국을 지배하고 터키에까지 손을 뻗었습니다.

이에 대항하는 영국과 프랑스의 대대적인 반격이 바로 제1차 세계대전입니다. 그 결과, 혼란을 틈타 본격적으로 확장을 꾀한 독일이 밀려나고 발칸 제국은 다시 영국과 프랑스의 지배 아래에 놓이게 되었습니다. 이런 새로운 질서가 1919년 6월 베르사유 조약에 의해 정해졌습니다.

발칸 제국은 동유럽 남부 지역입니다. 그 중심에 위치하는 지금의 세르비아, 크로아티아, 보스니아·헤르체고비나는 유고슬라비아 왕국으로 통합되어 있었습니다. 이들 국가는 민족도 다르고 종교도 다릅니다. 또한, 많은 이슬람교도가 살고 있어서 늘 분쟁이 끊이지 않았고 오랫동안 '유럽의 화약고'로 불렸습니다. 동시에 유럽 국가들의 권익이 모여 있는 지역이기도 했습니다.

그러나 아이러니하게도 베르사유 조약 후의 질서를 파괴하고 독일을 부활시킨 것은 나치스(히틀러가 주도했던 독일의 파시즘 정당)였습니다. 나치스는 발칸의 이익, 즉 러시아의 권익도 빼앗으면서 이 지역의 지도를 새로 바꿔버렸습니다. 역사상 최악의 전쟁, 제2차 세계대전이 이렇게 시작되었습니다. 결국, 서방세계는 혁명은 제쳐놓고 국가 간의 전쟁으로 세월을 보냈습니다. 마르크스의 예상이 크게 빗나간 것이었습니다.

현대판 십자군 전쟁, 우크라이나 사태

제2차 세계대전의 결과로 세계는 냉전 상태에 휩싸였습니다. 그러나 1980년대가 되면서 소련과 동유럽이 실질적으로 '해체'되고 자본주의 시장에 편입되었습니다. 중국도 마찬가지였습니다. 경제적으로 자립할 수 없게 되자 국민의 불만은 극에 달했고, 그 불만을 정부가 감당할 수 없게 되었기 때문입니다. 그러므로 서방측에서 기술과 자본 원조를 받게 되는데, 당연히 달러로 결제되었습니다. 서방국가의 은행은 많은 돈을 빌려주었고, 소련과 동유럽은 그만큼 천문학적인 빚을 떠안게 되었습니다. 이때 미국의 로널드 레이건Ronald W. Reagan, 1911~2004 정권은 갑작스럽게 은행의 이자율을 올리는 전략을 취했습니다. 이로써 빚을 갚을 수 없게 된 소련과 동유럽의 경제는 파산에 이르게 됩니다.

그 후 선진자본주의 국가 집단, 네그리가 말하는 '제국'에 의한 세계 지배가 이어지면서 세계화가 확대된 상황은 앞서 언급한 그대로입니다. 또한, 이러한 과정 속에서 이루어진 것이 EU의 확장입니다. EU와 비 EU의 경계선에 있는 나라, 그것이 '선진자본주의 국가의 산하에 있느냐 그렇지 않으냐'의 경계이기도 합니다. 자본주의는 착취의 대상이 되는 땅과 인민을 확대해야만 비로소 유지될 수 있습니다. 그러므로 그 대상이 되는 장소가 사라지면 그것으로 모든 것이 끝입니다.

러시아 정부가 화가 난 것은 이런 형태로 점점 허물어져서 그 영향이 결국 자신의 바로 이웃에까지 미쳤기 때문입니다. 실제로 오늘날 그와 같은 일이 러시아 주변에서 벌어지고 있습니다. 이것은 러시아에는 미국의 '쿠바 문제'와 같은 것입니다. 그 전형적인 예가 키르기스스탄과 그루지야 문제였습니다. 특히 그루지야에서는 쿠데타가 일어났을 때 재빨리 러시아가 개입해 정권을 원래대로 돌려놓았습니다. 이에 대해 서방국가들은 맹렬히 비판했습니다.

서방세계에는 '민주주의와 인권'이라는 대의명분이 있습니다. 이것은 수없이 등장하는 금과옥조인데, 역사적으로 보면 생각만큼 그리 절대적인 것은 아닙니다. 이 시기에 우크라이나 같은 나라에서 그런 상황이 일어난 것은 결코 우연이 아닙니다. 우크라이나는 지금 선진자본주의 국가의 산하에 있느냐 그렇지 않으냐 하는 경계에 놓여 있습니다.

러시아는 아마도 이렇게 주장하고 싶을 겁니다.

"선진자본주의 국가의 산하에 편입되고자 하는 헛된 노력을 당장 그만두어라. 결국은 값싼 농산물을 서방세계로 보내는 역할을 맡게 될 뿐이다. 그러다 보면 가격도 점차 떨어질 테고, 국민은 더욱 가난해질 것이 불을 보듯 뻔하다. 최대한 빨아먹고 난 다음 가차 없이 내버릴 것이다. 빚의 이자를 갚는 인생밖에 남지 않게 된다. 빚을 갚을 수 없게 되면 저쪽에게 이용당하고 착취당한다. 우리를 위협할 '탄환'이 되라고 요구할 것이다. 그들은 너희의 인권 따위는 처음부터 안중에도 없었다."

진짜 악의 원흉은 누구인가

중국의 위구르 문제도 이와 같이 생각할 수 있습니다. 이 지역에는 많은 CIA미국중앙정보국 공작원들이 잠입해 있습니다. 이들과 중국공산당 공작원이 보이지 않는 곳에서 싸우고 있습니다. 얼마 전까지는 티베트였습니다. 지금은 위구르입니다. 그리고 그다음은 홍콩의 학생 봉기……. 그야말로 끝이 없습니다.

사실 중국 정부의 강압적인 방식이 문제의 핵심입니다. 그렇다고 해서 이런 상황에 편승하여 외국 세력이 파괴 공작을 펴는 것이 정의인가 하면 당연히 그렇지 않습니다. 그런 행위가 과연 위구르 사람들을 위하는 일일까요? 위구르인의 대부분은 이슬람교도입니다. "그들의 인권이 위기에 처했다"고 외치며 군사 원조를 하면 중동 문제와 똑같이 될 가능성이 큽니다. 알카에다와 위구르인의 의용조직을 무장화시킨 다음 IS이슬람국가와 탈레반 같은 '괴물'을 만들어내어 이 지역의 질서를 불안정하게 만든 장본인은 대체 누구일까요? 그런 점을 다시 곰곰이 생각해볼 필요가 있습니다.

강압적인 국가의 문제성은 있지만, 그것을 국제사회로부터 고립시키고 약체화시키면 어떻게 될까요? 그 밑에서 억압받았던 부족과 종교 파벌, 조직의 문제가 분출합니다. 이런 부족과 종교의 파벌 집단은 서양사회와 달리 전부 공동체 조직입니다. 자본주의 사회의 이론이 통용되지 않습니다. 그들은 '서양의 정부와 대중매체가 말하는 민주주의, 인권은 전부 가짜다'라고 생각합니다.

이는 선악을 다루는 도덕의 문제가 아니라 세계시장에서 변화하고 살아남을 수 있는가의 문제입니다. 이 점을 먼저 명확히 이해하지 않으면 일부 매스컴에서 흘리는 일방적인 보도에 우왕좌왕하게 됩니다.

말레이시아 항공기를 격추한 범인은?

2014년 7월 17일, 말레이시아 항공기 17편이 우크라이나 도네츠크

주 상공에서 격추되는 사건이 일어났습니다. 그로 인해 298명이 목숨을 잃었습니다. 서양사회는 큰 충격과 비탄에 빠져 분노에 몸을 떨면서 범인 찾기를 시작했습니다. 그리고 '증거는 없지만, 러시아나 그 지지 세력에 의한 범행'이라고 단정 지었습니다. 이어서 러시아에 대한 제재가 시작되었습니다. 국제회의 자리에서도 러시아는 따돌림을 당했습니다. 블랙박스를 서방측이 확보했는데, 그 후의 상세한 보고는 아직 이루어지지 않고 있습니다.

도대체 무슨 이유로 민간기가 그런 분쟁지역의 상공을 비행했을까요? 어딘가 이상하지 않습니까? 같은 해 3월 8일에도 239명의 승객과 승무원을 태우고 베이징으로 향하던 말레이시아 항공기 370편이 행방불명되었습니다. 이 짧은 기간에 같은 항공사의 비행기 두 대가 희생된 것입니다.

370편의 행방에 대해서는 아직까지도 명확히 밝혀진 것이 거의 없습니다. 관련 보도는 "기장의 행동이 이상했다" 하는 식으로 적당히 마무리되었습니다. 그뿐만 아니라 이후로도 기체의 잔해조차 발견되지 않았습니다. 이것이 국가적인 음모라고 해도 어느 나라를 표적으로 한 것인지는 명확히 알 수 없습니다. 뒤집어 말하면, 표적이 된 나라가 적당히 처리했거나 아니면 사고 직후에 어떤 조건에 타협했을 것입니다.

이와 비슷한 일이 1983년에 한국에서 일어났습니다. 대한항공

007편이 소련 군용기에 의해 격추되는 사건이 발생한 것입니다. 이때는 269명이 희생되었는데, 일본인도 28명 포함되어 있었습니다. 이때도 '소련의 비열한 행동'으로 마무리되었습니다. 당시의 피해자는 대한항공기였습니다. 이번에는 말레이시아의 항공기가 두 번이나 희생되었고, 자세한 원인은 밝혀지지 않았습니다. 이것을 과연 우발적인 사건이라고 할 수 있을까요? 많은 것을 설명할 수는 없지만, 당시의 한국을 둘러싼 국제정세와 최근 말레이시아를 둘러싼 국제정세에 유사성이 있습니다.

사실은 우크라이나에서 쿠데타가 일어나기 전인 2014년 1월에 우크라이나 의회에서 EU에는 참가하지 않는다는 결의가 이루어졌습니다. 그 직후에 쿠데타가 일어났고 대통령은 러시아로 망명했습니다. 서방세계는 혁명파를 신정부로 인정했습니다.

그렇다면 진짜 범인은 우크라이나가 EU에 참가하지 않음으로써 불이익을 당할 집단이 아닐까 조심스럽게 추측해볼 수 있습니다. 그런 까닭에 무작정 러시아만 의심해서는 안 된다고 생각합니다. 우크라이나라는 나라는 원래 지역에 따라 제각각입니다. 이익공동체 그 자체이며 서로 뇌물을 주고받으며 맺어진 복잡한 관계에 기반을 둔 사회입니다. 다시 말해 어느 쪽으로 이익이 움직이느냐에 따라서 많은 것이 순식간에 달라지고 바뀔 수 있는 나라입니다. 이런 흐름 속에서 국내 정치인들이 둘로 나뉘어 배후 세력에 의해 움직이고 줄다리기를 지속했습니다. 아마도 그 복잡한 과정에서 자신들에게 상황이 나빠졌다고 판단한 측이 비인도적인 강경수단을 쓴 것일 가능성이 큽니다. 그런 다음 '인권'을 표명하는 것으로 넌지시 여론을 자기편으로 만들려고 한 것이 아닐까요? 이것이 내가 바라보는 우크라이나 문제의 진상입니다.

실체가 없는 공동체 EU

지금 유럽의 경제는 매우 어려운 상황에 놓여 있습니다. 실물경제가 불안전해서 금융을 만지작거리며 어떻게든 난국을 타개하기 위해 안간힘을 쓰고 있습니다. 미국과 아시아의 도움 없이는 자립할 수 없습니다. 미국과 러시아, 중국은 그 점을 노리고 있습니다. 또한, EU는 독립적인 체제가 아닙니다. 일본과 마찬가지로 군사적으로는 NATO북대서양조약기구 중심국인 미국의 지배하에 놓여 있습니다. 특히 영국과 프랑스가 그렇습니다. 군사적으로 미국과 유럽은 NATO를 매개로 밀접한 관계를 맺고 있습니다. 최근 들어 러시아가 따돌림을 당하면서 이 결합은 더욱 강해졌습니다. 경제적으로도 정치적인 주권이 없으면 진정으로 독립했다고 할 수 없습니다. EU는 실체가 없는 공동체입니다.

폴란드와 리투아니아는 다른 유럽 국가들에 비해 오히려 미국과 밀접한 관계를 맺고 있습니다. 더는 독자적인 국가연합체로 기능하기 어려워진 EU를 차라리 해체하는 것이 낫지 않느냐는 의견도 나오고 있습니다.

예전의 '화약고' 발칸 제국을 보면 러시아가 오랫동안 갖고 있었던 세르비아의 권익이 이미 미국으로 옮겨갔습니다. 여기에 권익을 빼앗긴 러시아가 간섭하는 상황입니다. 크로아티아는 진작부터 독일과의 관계가 깊어서 제2차 세계대전 당시에는 나치스 정권을 지지했을 정도입니다. 이 독일의 권익을 영국과 프랑스가 노리고 있습니다. 그런 유럽 국가들 가운데 독일은 독자적인 위치에 있습니다. 경제적으로도 다른 나라들을 압도하는 분위기였습니다.

그러나 호조였던 독일 경제도 서서히 기울고 있습니다. 독일은 러시아와 경제적으로 밀접한 관계를 맺고 있습니다. 실제로 '어쨌든 러시아와의 경제 관계를 재건해달라. 이대로는 독일은 붕괴한다'라는 취지의 이야기를 어느 기업가에게 들은 적이 있습니다.

독일은 에너지의 상당량을 러시아에 의존하고 있습니다. 우크라이나를 지나가는 파이프라인으로 천연가스를 수입했는데, 지금은 공급이 제한되고 있습니다. 또한, 독일은 정치적 이유에서 국내의 원자력 발전도 상당수 정지시켰으므로 상황이 한층 어려워졌습니다. 완성된 상품도 러시아에 수출했습니다. 수출, 수입 양 측면에서 모두 큰 타격을 입고 있는 것이 최근 독일의 상황입니다.

흥미로운 점은 EU 내에서 독일의 독주가 사라지자 기다렸다는 듯 존재감을 드러내기 시작한 것이 영국과 프랑스입니다. 나는 우크라이나 문제의 최종 목적은 러시아를 정치적으로 공격하면서 독일도 경제적으로 압박해두는 내용이 포함된 게 아닐까 생각합니다. 물론 독일은 이 일에 대해서 완벽하게 입을 다물고 있습니다. 입을 열면 지금보다 훨씬 더 거센 공격을 당할 것이기 때문입니다. 독일은 러시아나 중국처럼 되는 것을 원하지 않습니다.

국제정치는 민주주의와 인권을 구실로 이런 불의와 불법이 버젓이 저질러지는 무대입니다. 다만 EU 경제를 견인해온 독일 경제가 추락하면 영국과 프랑스 경제에도 치명적인 영향을 미칠 것은 불을 보듯 뻔한 일입니다. 정치적 이기주의는 그런 앞일도 고려하지 않고 무모한 형태로 나타납니다.

제 6 장

사회주의는 끝났을까

과거 자본주의 사회에서는 노동자에게
주택이나 기업연금을 준다는 생각을 눈곱만큼도 하지 않았습니다.
그러나 '소련에 있는 것이 자신들이 만든 선진적인 국가에
없다는 것은 뭔가 이상하다'라는 문제의식에서 그 사회에서도
새롭게 갖추고 정비할 수밖에 없게 된 측면이 있습니다.
이렇듯 자본주의 사회에서도 사회주의 사상은 쓸모가 있는 것입니다.

불완전한 자본주의 vs. 불완전한 사회주의의 대결

소련 체제가 종말을 고하기까지 세계를 지배했던 냉전 구조는 명백하게 '자본주의 vs. 사회주의' 양상을 띠는 것처럼 보였습니다. 그리고 서방세계의 많은 사람은 사회주의 국가 소련이 자본주의 국가 러시아가 됨으로써 사회주의 시대는 종말을 맞이했고, 마르크스주의의 주술도 끝이 났으며, 노동조합도 사회당도 더는 필요 없다고 생각했습니다.

나는 이런 생각에 동의하지 않습니다. 단적인 예로, 서양의 학생들은 소련이 붕괴한 지 20년이 더 지난 오늘날에도 여전히 마르크스를 읽고 있고, 2008년에 내가 정리해서 출간한 『초역 자본론』은 단기간에 일본에서만 10만 부가 넘게 팔렸습니다. 참고로, 그로부터 불과 5개월 뒤 리먼 브러더스 사태가 일어났습니다.

마르크스는 사회주의에 대해 쓰지 않았습니다. 그는 자본주의를 해부했으며, 공산주의를 논했습니다. 그런데도 자본주의 지상주의자들은 사회주의와 공산주의의 차이를 의도적으로 애매하게 만듦으로써 자기 구미에 맞는 편향되고 왜곡된 미래를 그리려 안간힘을 썼습니다. 더 나아가 그들은 서양을 중심으로 하는 자본주의 진영, 소련과 중국을 중심으로 한 사회주의 진영을 일대일로 대치시켜 결국 자본주의 진영의 승리를 일방적으로 선언했습니다. 이것이야말로 자유민주주의의 승리라고 떠들면서 춤추고 열광하며 베를린 장벽을 신나게 무너뜨렸습니다.

이 '자유'에는 두 가지 의미가 담겨 있었습니다. 하나는 '인권 억압 사회로부터의 자유'이며, 또 하나는 '악랄한 사회주의 사회로부터의 자유'입니다. 프랜시스 후쿠야마 교수는 과감히 '역사의 종말'을 주장했고, 자본주의의 지배자들은 이제 본격적으로 자본주의 사회의 우수성이 유감없이 발휘되는 찬란한 시대가 펼쳐질 것이라고 굳게 믿었습니다.

단언하건대, 이것은 명백히 잘못된 생각이었습니다. 왜냐하면, 소련은 공산주의 국가가 아니었을 뿐 아니라 사회주의 국가로서도 매우 불완전한 체제였기 때문입니다. 또한, 당시의 자본주의 사회는 일반적인 의미의 자본주의가 아닌 특수한 성격의 미국형 자본주의였습니다. 즉, 엄밀히 말하자면 냉전 체제의 세계는 '자본주의 vs. 사회주의' 구도로 보기 어려웠습니다. 더구나 공산주의 체제는 흔적조차 없던 시대였습니다. 다시 말해, 당시의 세계는 불완전한 사회주의 국가와 불완전한 자본주의 국가의 구도로 나누어져 펼치는 끝없는 이기주의의 대결장 그 이상도 그 이하도 아니었습니다.

아무튼, 이 구도마저 깨져버린 뒤 불완전한 자본주의는 20년 남짓 마치 브레이크가 고장 난 기관차처럼 미친 듯이 달린 뒤 최근에 이르렀습니다. 그 과정에서 적나라하게 드러난 자본의 잔인함과 악랄함, 교활함을 목격하면서 자본주의의 '종말'을 이야기하는 목소리가 급격히 높아지고 있습니다. 이상이 지난 100여 년간 펼쳐진 세계사의 간단한 흐름입니다.

지금 다시 마르크스의 사상을 되짚어보면서 자본주의의 본질은 무엇인지, 그리고 진정한 사회주의와 공산주의 사회는 어떤 것인지 명확히 재인식해야 할 필요가 있다고 느꼈습니다. 대학생을 대상으로 특별 강의를 하고, 그것을 꼼꼼히 정리해 책을 출판해야겠다고 생각한 것도 그 때문입니다. 아무튼, 우리가 사는 자본주의를 제대로 이해하고 통찰력을 얻으려면 보이기 위한 '사상이나 주의'에 현혹되지 않고 동서고금의 깊이 있는 책을 폭넓게 읽어서 자기 생각을 키워가야 합니다.

사회주의 사상이 독일과 프랑스에서 처음 싹튼 이유

전 세계에서 노동운동이 가장 먼저 일어난 곳은 자본주의의 발상지인 영국이었습니다. 최초의 큰 움직임이 19세기 전반에 일어난 차티즘Chartism(1830년대에서 1840년대에 걸쳐 일어난, 영국 노동자의 참정권 확대 운동)입니다. 노동자 처지에서 다양한 요구가 이루어졌고, '공장법'도 생겨났으며, 차티스가 중심이 되어 노동운동단체가 조직되었습니다. 이어서 결사와 결당의 자유를 획득함으로써 영국 노동당의 모체를 만들어냈습니다.

반면에 프랑스와 독일 같은 섬나라가 아닌 대륙에 속한 유럽의 나라들은 영국과 비교하면 조직 운동화의 움직임이 뒤늦게 일어났습니다. 당시의 프랑스와 독일의 노동자는 수공업자에 가까웠습니다. 자동화 노동의 일부가 아니라 독자적으로 일하는 사람을 말합니다. 이들에게 애초부터 노동력의 공유란 개념이 없었습니다. 또한, 결사나 결당이 금지되어 있었으므로 이곳에서의 정치적인 노동운동은 비밀결사가 주도했습니다. 프랑스의 사회주의 혁명가 루이 오귀스트 블랑키Louis Auguste Blanqui, 1805~1881가 조직한 '계절사' 등이 잘 알려졌습니다.

흥미로운 것은 사회주의 사상이 처음 싹트고 자란 곳이 맨 처음 본격적으로 사회주의 운동이 일어난 영국이 아닌 프랑스와 독일이라는 점이었습니다. 상대적으로 더 많이 억압되어 있었던 만큼 더 많은 이론무장이 필요했기 때문이 아닐까요? 아무튼, 이런 억압되고 팽팽한 긴장 속에서 마르크스 사상이 태어났습니다.

유럽 대륙의 노동운동이 비공식적으로 이루어졌다는 점으로도 짐작되듯 이를 주도한 세력은 현장의 노동자보다는 지적 엘리트층이었습니다. 이런 흐름 속에서 1847년 런던에서 공산주의 동맹이 조직되었습니다. 마르크스가 초안을 쓴 『공산당 선언』이 그 강령입니다.

공산주의 운동은 일반적인 노동자 조직과는 그 시작부터가 달랐습니다. 영국의 노동자들은 적정한 휴일 보장, 하루 10시간 노동, 임금인상 같은 실질적인 목표 달성을 위해 싸웠던 데 반해 마르크스주의자들의 운동은 일종의 정치적인 혁명을 완수하는 것을 목표로 시작되었습니다.

왜 『자본론』 제1권에 노동조합에 대한 언급이 없을까

이러한 유럽 내에서의 방향성의 불일치가 일단 해소된 시점이 1860년대입니다. 19세기 후반, 영국뿐 아니라 프랑스에서도 노동조합을 조직해 활동하는 것이 법적으로 인정되자 양국의 노동자들은 서로 손을 잡고 힘을 합칩니다.

1864년 제1인터내셔널이 설립되고, 같은 해 9월에는 런던의 세인트 마틴즈 홀에 양국의 노동자가 집결해 국제노동자협회라는 조직을 결성했습니다. 마르크스는 이 국제노동자협회를 정치적인 결사로 바꾸려고 노력했습니다. 그러나 이 운동이 정치적 색깔을 띠자 현장의 노동조합이 떠났고, 결국 국제노동자협회는 붕괴했습니다.

노동자들로서는 정치적인 혁명의 이념보다는 노사협상 즉, 지금 있는 자본가와 경영자에게 노동환경의 개선을 구체적으로 요구하는 것이 더 중요했습니다. 특히 영국 노동자는 개별 공장노동자로서의 입장, 한 시민으로서의 의식을 강하게 지니고 있었을 것입니다. 그런 다양한 환경 차이에 맞게 각각의 단체를 조직하고 참가할 자유가 있다고 생각했습니다. '모든 노동자가 하나의 목적을 향해 나아간다'라는 이념에 따를 수 없었던 것입니다.

1867년에 출간된 『자본론』 제1권에는 노동조합 이야기는 거의 나오지 않습니다. 영국의 움직임에서 마르크스도 그 중요성을 뼈저리게 느끼게 되었지만, 그때까지만 해도 이론화·문장화하는 데까지는 이르지 못했을 것입니다. 단, 그것만으로 마르크스가 노동운동을 경시했다고 말할 수는 없습니다. 그 증거로, 제1 인터내셔널의 강령에서 마르크스는 노동조합운동에 대한 적극적인 견해를 피력합니다. 법적인 정치단체를 결성하여 의회제 민주주의에 참여함으로써 그곳에서의 운동을 통해 노동자의 권리를 관철해 간다는 흐름이었습니다. 이런 일이 가능하다는 미래를 보여준 것입니다.

실질적인 노동조합 운동과 사회주의 사회의 실현, 더 나아가 공산주의 사회의 실현은 융합된 형태로 발전하지 못했습니다. 이 모순이 응어리처럼 지금까지도 남아 있습니다.

사람들은 노동조합이 사회주의 운동의 중심을 차지해왔다고 생각합니다. 그러나 사회주의의 기치를 내걸었던 국가에는 본래의 의미에서의 노동조합이 없었습니다. 이것은 참으로 커다란 모순이 아닐 수 없습니다. 소련에도 1918년에 결성된 '전소노동조합 중앙평의회'라는 조직이 있었는데, 국가에서 만든 중앙집권적인 '어용조합'에 지나지 않았습니다. 다시 말해, 국내의 모든 노동자가 참가하는 줏대 없는 조직에 지나지 않았습니다. 공산주의 사회의 실현이나 노동환경 개선을 위해 투쟁한 것은 아니었습니다.

여기에는 레닌 이후의 혁명가들이 마르크스의 진의를 거의 이해하지 못했다는 점이 큰 영향을 미쳤습니다. 레닌이 건설한 국가가 사회주의 국가 내에서 노동조합의 이상적인 존재 의의를 규정하지 못했다는 점도 무시할 수 없는 요인입니다. 진정한 의미에서 소련은 노동자를 위한 민주적인 국가가 될 수 없었습니다. 그런데도 사회주의의 '주의主義'라는 부분에는 끝까지 집착했으므로 결국 소련은 무너지고 말았습니다. 러시아인이 선천적으로 갖고 있는 '서양 콤플렉스'에서 벗어나지 못했기 때문일 것입니다. 구소련은 사회주의 대국으로서의 국제적 위신을 지나치게 의식한 나머지 자본주의 사회가 과시한 경제적 번영과 정면으로 대결하려고 생각했습니다.

사회주의 국가에는 은행 신용이란 것이 존재하지 않습니다. 자본주의와는 시스템이 당연히 백팔십도 달라야 하는데, 그에 독자적으로 대응할 수단을 찾지 못했습니다. 그런 상황에서 어떻게 경제적인 보장을 받을 수 있을까요? 그리고 사업에 대한 투자의 시비는 무엇으로 판단할까요? 이에 대해서는 소련과 중국 정부도 진지하게 고민했습니다. 참고로 자본주의 사회에서는 이자율(주식 배당률이라고 해도 좋습니다)이 투자의 기본이 됩니다. 사업가는 사람들에게 매력적인 이자율을 제시함으로써 투자를 끌어냅니다. 높은 이자율을 설정하는 사업가는 그 사업에 대한 자신감과 확신을 전달할 수 있습니다. 그에 동반되는 사업 계획도 액수가 커질수록 좀 더 세밀하게 이루어집니다. 이런 투자가의 심리를 파고드는 사기도 있는데, 기본적으로는 그런 구조입니다.

그러나 구소련 같은 사회주의 국가에는 이런 지표가 없었습니다. '아무튼, 투자를 했는데 전부 실패'와 같은 사태가 일반적인 현상이 되었습니다. 투자를 하는 것은 국가나 지방 정부라서 사업계획도 건성으로 이루어졌습니다. 이런 일이 반복되자 재정은 갈수록 어려워졌습니다.

1965년, 구소련은 예브세이 리베르만Evsey Grigor'evich Liberman, 1897~1983, 러시아의 경제학자이 주장한 기업보장금 이론을 채용했습니다. 이것은 이익을 얻은 기업에 주는 보장금 같은 것이었습니다. 그런데 이마저도 실패로 끝났습니다. 애초에 자본 효율로 투자의 시비를 판단하지 않았습니다. 다리 건설 같은 생산성이 낮은 사업에 지속해서 투자가 이루어졌던 것입니다. 이와 마찬가지로 공공성이 인정되면 생산성이 낮은 기업에도 투자를 했습니다.

기업의 건전한 경영은 노동자가 가장 중시하는 부분이었습니다. 부당한 경영에 대해서는 이의를 제기하지 않을 수 없었습니다. 그런 노력 덕분에 자신들의 임금 지급이 보장되었습니다. 또한, 국영기업이라고 해도 A라는 기업, B라는 기업 하는 식으로 전부 개별 조직이었습니다. 임금 배분 방식도 다르므로 노동자가 이에 대해 의견을 말할 자리가 필요했을 것입니다. 이렇듯 노동조합의 이상을 원천적으로 배제한 것이 사회주의 국가 소련의 실패 원인이었다고 할 수 있습니다.

자본주의 사회에 존재하는 '사회주의' 요소의 종말

소련이 사회주의의 모델을 보여주지 못함으로 인해 세계는 자본주의화를 향해 좀 더 빠르게 달려가고 있습니다. 1970년대에 일본에서는 노동조합 운동이 매우 활발히 전개되어 국철의 대규모 파업이 보통 일처럼 일어났습니다. 이것이 1980년대가 되어 자유주의가 확대되자 노동조합의 존재 의의가 다시금 문제시되기 시작했습니다.

국철의 파업은 온종일, 심한 경우 일주일 넘게 이어졌습니다. 그럴 때면 전철과 버스가 운행을 멈춰버려 학교와 직장에 갈 수도 없었습니다. 아이들은 학교를 쉰다고 좋아했습니다. 일하러 가야 하는 사람은 난감했겠지만, 생각하기에 따라서는 자기만의 시간을 가질 수 있었고 가족과 단란한 시간을 보낼 수 있었습니다. 다만 당시 일본에는 가족보다는 직장 동료와 있는 것을 편하게 생각하는 사람이 많았습니다. 파업 일정을 사전에 알 수 있어서 포기하고 전날까지 손을 써놓으면 실제로 일하는 데 큰 지장이 생기는 경우는 거의 없었습니다. 곤혹스러운 것은 자본가와 경영자들이었습니다. 생산성이 눈에 띄게 떨어졌습니다.

일본에서는 최근 수년간 대규모 파업이 한 번도 일어나지 않았습니다. 이런 현상을 놓고 일본의 노사 관계가 양호하며 노사협상이 원만히 이루어지기 때문이라고 주장하는 경영자가 있습니다. 과연 그럴까요? 일본인은 자신이 노동자계급이라는 의식이 희박합니다. "덕분에 부자 3대가 신닛테쓰철강제조사예요. 아들은 신닛테쓰스미킨(신닛테쓰와 스미모토 금속이 합병되어 신닛테쓰스미킨이 되었습니다)이지만" 하고 말하는 사람은 있어도 "부자 3대가 노동자입니다" 하고 말하는 사람은 없습니다.

노동자계급이라는 말에는 왠지 모르게 저항감이 있습니다. 그러나 자신이 노동자계급인 것에는 변함이 없습니다. 반면에 유럽인에게 노동자계급이란 의식이 명확한 편입니다. 현장 직원이 경영자와 동석해 술을 마시는 일도 거의 없습니다. 유럽에서는 그런 점이 확실합니다.

일본인은 '처음부터 만들어진, 구별이 있는 사회는 싫다'고 생각하므로 일상에서는 계급의 차이를 애매하게 다루려고 하는 경향이 있습니다. '결국 똑같은 인간 아니냐' 하는 것인데, 그러나 현실은 그런 의식과는 많이 다릅니다.

일본에서는 이미 오래전에 사라진 파업도 유럽에서는 아직 진행형입니다. 루프트한자 독일항공의 기장들이 일 년에 여덟 번이나 파업해서 이용객이 애를 먹고 있다는 뉴스가 보도되었습니다. 어쩌면 이런 일류 항공사의 기장은 일반 시민과 비교하면 수입이 많을 텐데 뻔뻔하고 이기적인 요구라고 생각할 수도 있습니다. 그들의 월급이 얼마인지는 자세히 모르지만 에어프랑스항공의 정규직 기장이 1,800만 원을 받는다는 이야기를 들은 적이 있습니다.

그런데 그런 기장은 일부에 지나지 않습니다. 에어프랑스항공이 아닌 작은 항공사의 기장은 월급 200만 원 정도를 받을까 말까입니다. 그나마 일이 있으면 다행일 정도입니다. 요즘은 항공학교를 졸업

해도 제대로 된 일자리를 구하기가 어렵습니다. 더욱이 채용시험을 보려면 얼마의 돈을 내라고 대놓고 요구하거나 항공 시뮬레이션을 하는 데도 적지 않은 비용이 드는 등 마치 연예인 사무소의 오디션처럼 되어버렸습니다. 항공사 기장도 대부분 기업에 약점을 잡혀 이용당하고 있습니다.

그러나 문제는 지금부터입니다. 이런 이면의 사정을 대중매체는 전혀 보도하지 않습니다. 어쩌다 관련 보도를 하게 되면 '비행기가 운항을 정지해 이용객이 곤란을 겪고 있다', '기장이 오만하다'는 식입니다. 이런 보도 자세에는 교활한 의도가 숨어 있습니다. 얼마 전에도 프랑스에서 2주간 교통 파업이 벌어졌습니다. 일류 항공사의 기장과 달리 일반적인 교통업에 종사하는 직원들은 박봉이므로 이 파업에는 나름의 명분이 있었습니다. 그런데도 대중매체는 거의 예외 없이 곤란을 겪는 승객의 의견을 보도했습니다. 가령 '오랜만에 잘 쉬었다' 하는 의견이 있었다 해도 의도적으로 빼버렸을 게 분명합니다. '보도하지 않을 자유'를 악용하여 국가와 자본가들의 이익을 지지하는 것입니다.

시간을 거슬러 올라가서 1980년대의 세계 경제는 노동자의 총임금을 어떻게 고정하느냐가 공통적인 주제가 되었습니다. 파업은 물론 '조합 폐쇄'가 이루어진 것이 바로 이 시대입니다. 가장 전형적인 형태로 이를 실행에 옮긴 사람이 영국의 전 총리 마거릿 대처Margaret Thatcher,

1925~2013입니다. 그녀는 당시 가장 대표적이었던 탄광노동조합 폐쇄를 획책했습니다. 그리고 에너지 정책을 발표함과 동시에 영국 내의 탄광을 모두 폐쇄해버렸습니다.

사실 이와 같은 일은 일본에서도 있었습니다. 국철과 일본전신전화공사의 민영화가 그것입니다. 지금의 JR, NTT입니다. 국영기업을 민영화하여 강력한 노동조합을 한꺼번에 매장해버린 것이었습니다. 선진자본주의 국가에서 개인주의화가 본격적으로 진행되던 시대이기도 했습니다. 일본에서도 '프리터(직업 없이 아르바이트로만 생계를 유지하는 사람들-옮긴이)로 먹고사는 것이 속 편하다'라고 말하던 때였습니다. 리쿠르트사 등이 이런 흐름을 선동했고, 대중에게 거세게 항의하는 광고도 다수 등장했습니다.

지금의 프리터 개념은 그런 자유로운 직업 선택이 아니라 사회 계층화되어버렸습니다. 이른바 비정규직과 계약직입니다. 기존의 주부시간제 근무자와는 다릅니다. 이런 노동자층이 전체의 절반 가까이 확대되었습니다. 원래 종래의 노동자가 조직하는 노동조합은 그런 새내기 노동자들을 배제했습니다. 자신들의 지위와 기득권을 지키기 위해서였습니다.

다양한 고용 형태와 임금체계가 같은 업종과 기업 내에 혼재한 상황이 지속하면서 '모든 노동자의 일사불란한 전선'이 생명이었던 노동조합도 안팎으로 무너지고 사라져버렸습니다. 즉, 비정규직과 함께 싸우지 않고 자본가와 타협함으로써 존재 의의를 상실해버린 것이었습니다. 이때 자본주의 사회에서의 사회주의 이상 역시 붕괴 일로를 걸었습니다.

자본주의에 영합하는 선진국 노동자

앞의 이야기를 정리하면 자본주의 사회에서 좌익의 존재가 차츰 희박해지는 이유도 알 수 있습니다. 전후, 자본주의 국가에서 사회주의 계통의 정당을 지지한 것은 새로 중산층이 된 노동자계급이었습니다. 그런데 이 계급은 자본주의가 전환점을 맞이하자 가장 먼저 타격을 받게 됩니다. 서양에서는 그것이 1970년대부터 1980년대에 걸쳐 일어났습니다. 자신들의 지지 모체인 중산계급을 이념을 파기하면서까지 유지하려 했던 것이 쇠퇴의 시작이었습니다.

각 선진자본주의 국가의 자본가들이 세계대전 후 부흥경제로 자본을 축적하고, 여기서 얻은 이익을 분배함으로써 중산계급이 생겨났습니다. 그런데 자본주의가 전 세계로 확대되면서 하나의 국가 단위로 보았을 때 그 경제는 쇠퇴 경향으로 기울기 시작했습니다. 그런 경제의 영향이 가장 먼저 미치는 것이 중산계급이므로 이익을 지키기 위해서는 자국의 경제를 회복시키는 수밖에 없습니다.

방법은 하나입니다. 국내 기업이 세계화해서 해외에 자본을 축적하는 것을 부끄럽다느니 꼴사납다느니 따지지 않고 무조건 지지하는 것입니다. 자본가와 노동자 대표가 손을 잡고 다른 나라의 노동자를 착취합니다. 이렇게 해서 자국의 경제를 살리려고 합니다.

독일은 사회민주당, 프랑스는 사회당, 영국은 노동당입니다. 이들 당은 전부 사회주의로의 길을 버리고 자국의 노동자를 고용하는 자본가에게 협력했습니다. 노동조합이 하는 임금투쟁도 타국의 노동자에 대한 착취 하에서만 성립합니다. 어느 사이에 선진자본주의 국가의 노동자는 자본가가 되었습니다.

그렇게까지 자본주의에 영합했음에도 국내 노동자의 임금은 거의 오르지 않았습니다. 실업자의 증가 또한 멈추지 않았습니다. 돈을 번 것은 오직 자본가뿐이었습니다. 그래도 선진자본주의 국가의 사회당은 '좀 더 급속한 세계화가 필요하다, EU를 확대하라', 즉 '외부에 착취할 상대를 더욱 늘려라' 하고 목청 높여 외쳤습니다.

프랑스 사회당 정권의 대통령 올랑드가 '아메리카화'를 표방한 것이 바로 '올랑드 선언'입니다. 이것은 러시아와 중국뿐 아니라 독일의 움직임까지 견제하기 위한 것이라고 할 수 있습니다. 서양의 사회주의 본고장에서 이루어진 이 선언의 의미는 매우 큽니다. 어렴풋이 알고 있었지만, 분명하게 말해버리면 그 영향력은 더욱 커집니다. 자본주의 세계가 다시 한 번 미국형 세계화의 흐름 속에서 지속할 것이라고 결론 내린 것입니다. 이것으로 세계의 '인터내셔널화'는 더욱 어려워집니다. 마르크스의 인터내셔널 운동에서는 "만국의 노동자여, 단결하라"고 외쳤는데, 그 실현 가능성은 더욱 적어졌습니다.

임금 체계가 다른 두 나라가 있을 때 어느 한쪽의 노동자가 유리해지면 다른 한쪽의 노동자에게 불리하게 작용합니다. 독일의 노동자를 구하려고 하면 프랑스의 노동자가 손해를 보게 됩니다. 이런 식이 반복되므로 각국의 사회주의자들도 완전한 인터내셔널은 하고 싶지 않아 합니다. 따라서 부분적인 인터내셔널로 목표를 낮출 수밖에 없습니다. 일정한 공동작전을 펴는 단계까지밖에 할 수 없게 되는 것입니다.

프랑스 사회당의 결정은 그런 노력마저 내던지려 하는 것이었습니다. 자본주의 국가의 사회주의자는 자국의 자본을 지키기 위해 세계화를 지지하는 쪽으로 방향을 돌렸습니다. 여기서 생각이 둘로 나뉩니다. 같은 세계화라도 완전한 것을 지향하면 어떻게 될까요? 세계는 자본가의 수중에 들어가 모든 노동자의 임금은 낮게 평준화될 것입니다. 아시아와 아프리카 국가의 노동자 임금은 오르지만, 지금까지 높은 임금을 받았던 선진자본주의 국가 노동자의 임금은 떨어질 수밖에 없습니다. 마르크스가 말했던 '세계의 총 프롤레타리아화'가 실현되는 셈입니다.

그러나 프랑스의 노동자는 이런 상황을 도저히 인정할 수 없었습니다. 그렇지 않아도 프랑스 경제가 어려운데, 세계 노동자의 임금이 오른다는 이념은 지지하지만, 자신들의 임금이 줄거나 혹은 일자리를 잃는 현실은 거부하려는 것입니다. 일단 돌아가고 있는 미국형 세계화에 편승하여 조금이라도 남은 이익을 얻어보겠다는 생각입니다. 이론적으로 말할 때는 위풍당당하지만, 그날이 현실로 닥치면 쉽게 후퇴해버립니다. 이것이 자본주의 사회에 사는 인간의 이기주의입니다. 일본 노동자도 이 점에서 차이가 없습니다.

노동자 공동투쟁이 불가능한 이유

애덤 스미스는 『국부론The Wealth of Nations』1776에서 노동자의 숙명에 대해 다음과 같이 말했습니다. "노동자의 임금은 반드시 노동자에게 불리하게 설정된다." 이 말은 자본가와 경영진의 교묘한 조작으로 노동자가 결집할 수 없게 된다는 것을 의미합니다. 그리고 일단 수가 너무 많습니다. 그러다 보니 생활의 여유가 없습니다. 만일의 경우 자신들만 살아남으려 하므로 서로 견제할 수밖에 없는 숙명에 놓이게 됩니다. 이념으로는 전체의 단결을 외치지만, 우호 관계를 형성하기 어렵습니다.

한편 자본가는 우선 지식과 정보를 갖고 있습니다. 해외에 많이 다니므로 노동자보다 견문과 식견이 넓습니다. 또 그들은 서로 경쟁 관계에 있음에도 모임이나 살롱에서 자주 만나 표면적인 친교를 쌓아둡니다. 그러면서 새로운 곳에 진출할 때면 반드시 그들과 긴밀한 연락을 주고받습니다.

"그쪽은 그렇게 지급하냐? 우리는 좀 더 낮춰야겠다. 정부 요인에게 찔러줄 비용이 필요하다."

"알았다. 불만이 커지면 좀 더 올릴 수도 있지만, 일단은 그쪽에 맞추겠다."

이에 대항하기 위해서는 전 세계의 모든 노동자가 국가와 산업을 초월해 서로 정보를 교환하며 공동 투쟁하면 됩니다. 즉 인터내셔널 방식인데, 이것은 지금의 근대국가에서는 완전한 이상론에 지나지 않습니다.

물론 시도를 한 적은 있습니다. 프랑스 자동차회사 르노의 프랑스 공장과 루마니아 공장에서 일하는 노동자들의 공동투쟁입니다. 그러나 결국은 성공하지 못했습니다. 프랑스와 루마니아의 임금체계는 서로 다릅니다. 루마니아 노동자의 임금이 오르면 상대적으로 프랑스 노동자의 임금은 떨어질지 모릅니다. 이념은 같아도 현실에서는 의심하는 마음이 있으므로 합리적인 판단을 하기 어렵습니다.

EU 내에서의 상황이 이렇다 보니 예컨대 유럽과 아시아의 노동자가 공동으로 투쟁하기는 더욱 어렵습니다. 또 반대세력은 계급투쟁의 시점을 다른 곳으로 돌리기 위해 국가 차이, 민족 차이, 사회문화 차이 등을 부각해 분단을 부채질할 것입니다. 그렇게 하도록 오늘날의 근대국가라는 존재가 자본에는 꼭 필요합니다. 애국심을 부르짖으며 주장하는 우파는 결과적으로 자본의 이익에 공헌합니다.

가장 대표적인 것이 특정 집단에 대한 공개적 '혐오 발언'입니다.

"루마니아인이 제대로 할 리 없다. 그들은 프랑스인은 어떻게 되건 조금도 신경 쓰지 않을뿐더러 애당초 이해할 머리도 없다!"

이어서 일본에서 이루어지는 전형적인 혐오 발언을 들어봅시다.

"중국인은 일본인에게 복수하는 것밖에 생각하지 않는다!"

"한국인은 반일에 집착하다가 정신이 이상해졌다!"

"조국 편을 드는 자이니치재일동포는 국민의 적이다. 그들의 영주권을 박탈하라!"

이것은 일본뿐 아니라 중국, 한국, 대만도 마찬가지입니다. 이런 말로 서로 선동하는 것으로 공통의 적인 자본가로부터 다른 나라 정부, 더 나아가서는 노동자계급에 적의가 향하게 합니다. 이쯤 되면 각 정부가 혐오 발언을 단속하거나 규제하지 않고 내버려두는 이유도 짐작할 수 있습니다. 그 덕분에 권력을 쥐고 있는 자신들에게 적의가 향하지 않는 것입니다. 결국은 우파와 국내 자본가, 정치권력의 이익이 하나로 긴밀히 연결되어 있습니다. 이로써 국가를 초월한 공동투쟁은 한없이 멀어집니다.

무엇을 위한 국제화인가

조금 다른 각도에서 생각해봅시다. '코즈모폴리턴cosmopolitan'이라는 말을 누구나 한 번쯤 들어본 적이 있을 것입니다. 이 단어의 파생어인 '코즈모폴라이트cosmopolite'는 '세계주의자'로 번역됩니다. 막연히 '코즈모폴리턴'이 되면 세계가 평화로워지지 않을까, 생각하는 사람도 더러 있습니다. '인터내셔널international'이라는 말도 있습니다. 이 단어의 파생어는 '인터내셔널리스트internationalist'로 '국제주의자'라는 뜻입니다. 코즈모폴리턴과 비교하면 약간 차가운 이미지입니다. 그런데 이 이미지는 근현대의 오랜 역사 속에서 서양세계가 심어놓은 오해입니다.

어쨌든 코즈모폴리턴과 인터내셔널 둘 다 '세계의', '국제의'라는 의미로 매우 흡사합니다. 이 차이를 정확히 아는 것이 중요합니다. 마르크스는 인터내셔널에 대해서는 거듭해서 강조했지만, 코즈모폴리턴에 대해서는 거의 언급하지 않았습니다. 코즈모폴리턴은 '기독교 세계의 주민'이라는 의미가 있습니다. 기독교 문명을 이해하고 공유할 수 있는 사람이 코즈모폴리턴입니다. 그들에게 세계는 기독교 세계입니다. 코즈모폴리터니즘세계주의 밖은 이교도의 세계입니다.

서로 다른 생각, 다른 의견이 나올 때 일본인은 주로 대화를 통해 결정합니다. 대개는 절충안으로 결론이 납니다. 대부분은 A의 의견을 채용하지만, 일정 부분에서는 B의 의견을 적용하자, 하는 식으로 혼합할 수 있습니다. 그러나 코즈모폴리턴의 발상에서는 그것이 애초 불가능합니다. '철저히 토론하자, A와 B 어느 쪽인지 정확히 정하자'라고 말합니다. 일부 일본인은 '그편이 차라리 알기 쉽다. 일본인이 해온 토론은 너무 모호하다'고 생각하게 됩니다. 결국에는 문부과학성이 일본 대학에서도 토론 기술을 훈련하라고 지시하고 지도하는 단계가 됩니다.

토론은 영어로 '디베이트debate'입니다. 이에 대응하는 말로 '디스커션descussion'이 있습니다. 디스커션은 '논의', '상의' 정도로 번역합니다. '의견 교환'의 의미도 담고 있습니다. 패널 디스커션이라는 방법이 있습니다. 디스커션에 없고 디베이트에 있는 것은 무엇일까요? 의견 대립입니다. A와 B가 대립하는 의견을 만들어서(없을 때는 억지로라도 만들어서) 흑백을 가립니다. 즉, 결론이 중요합니다.

그것을 충실히 실천하는 것이 기업의 회의입니다. "결론이 없는 회의는 회의라고 할 수 없다"는 말을 자주 합니다. "다양한 의견이 나왔는데 이것들을 참고해서 각자 최선이라고 판단한 선택을 해달라"하는 정도로는 안 됩니다.

흑백을 가리는 것이 정말 알기 쉬울까요? 동네나 교내의 약속을 정하는 토론이라면 괜찮습니다. 같은 의견 대립이 국제정치 자리에서 일어나면 어떻게 될까요? 또 대립하는 동서의 다국적기업 사이에서 벌어지면 어떻게 될까요? 토론에서 이기는 쪽은 늘 정해져 있습니다. 흑은 절대로 백을 이기지 못합니다. 우리 비서양 제국의 '소수 의견'은 코즈모폴리턴 사고방식, 서양의 사고방식으로 집약됩니다. 왜냐하면, 기독교 세계에 진리는 단 하나뿐이기 때문입니다. 다른 하나가 있다면 그것은 이단으로 몰립니다. 어떻게든 배제해야 합니다. 그렇지 않으면 자신들의 유일한 진리가 위협당하기 때문입니다. 그러므로 설령 국가가 사라지고 자본주의가 사라진다고 해도 이런 사고방식만은 사라지지 않습니다.

"내가 아는 미국인과 영국인은 사고가 매우 유연하다. 일본인 이상으로 일본의 문화를 이해해준다"라고 반론하는 사람이 있을 수도 있습니다. 물론 그렇습니다. 서양인 가운데 적지 않은 수의 사람들이 자신들 안에 있는 기독교 문명의 독선과 오만에 넌더리를 냅니다. 그러나 지배층의 사고방식은 바뀌지 않습니다. 지배자들의 생각이 바뀌지 않는 한 혁명이라도 일어나지 않는 한 사회는 근본적으로 바뀌지 않습니다.

일본의 정치는 지금까지 '주의'를 이리저리 바꿔왔습니다. 이는 한편으로 다행입니다. 영원히 변하지 않는 것이 오히려 무섭습니다. 중국과 북한은 어떨까요? 일반적으로 이데올로기 국가라고 생각하는데, 실제로는 그렇지 않습니다. 오히려 절개가 없다고 할 수 있을 만큼 자주 바뀝니다. 일단 이데올로기다운 것을 정해도 제대로 뿌리내리지 못합니다. 이것이 아시아 사회의 특질로, 서양의 그것과는 근본적으로 다릅니다.

인터내셔널과 글로벌라이제이션의 차이

또 하나, 사람들은 '인터내셔널'과 '글로벌'도 자주 혼동해 사용합니다. 이 역시 의미가 확연히 다릅니다. 여기서 간략히 정리해봅시다. 1990년대가 되어 세계화가 확대되면서 사회운동가들도 이 둘의 차이에 대해 심도 있게 논의했습니다.

인터내셔널은 먼저 '내셔널national'이 있는 상태에서의 '인터inter' 즉, 네이션국민과 네이션의 중간에 있다는 의미입니다. 큰 나라의 국민이건 작은 나라의 국민이건 잘사는 나라의 국민이건 가난한 나라의 국민이건 자국의 문화와 언어를 중시하고 상대국의 문화와 언어를 존중하면서 협동하는 것, 이것이 바로 인터내셔널입니다.

반면에 글로벌은 국가의 울타리를 걷어치운 상태에서의 '국제적'입니다. 국가는 불필요합니다. 다양한 국가와 민족의 문화, 언어가 만들어내는 경계가 오히려 폐해가 됩니다. 모든 국가와 민족이 하나의 문화와 언어를 공유할 수 있으면 최상의 형태입니다. 확실히 듣기에는 좋습니다.

구체적인 과정은 어떻게 될까요? 초등학생이라면 이렇게 대답할 것입니다. "다양한 문화를 재구축해서 세계 문화를 만들고, 세계 언어를 만들고, 세계 정부를 만들고, 세계 화폐를 만듭니다"라고. 이론상으로는 이것이 정답입니다.

그러나 이는 현실적으로 불가능한 일입니다. 세계 언어는 영어입니다. 세계 화폐는 달러입니다. 이 엄연한 현실을 논리로 뒤집을 수는 없습니다. 결국, 미국과 미국을 둘러싼 선진자본주의 국가를 중심으로 세계가 집약되는 것뿐입니다. 이것이 바로 '미국화'입니다.

'인터내셔널'과 '글로벌'은 일견 서로 닮은 것 같지만, 현실 사회에서는 '정반대'의 의미가 있습니다. '글로벌'과 '코즈모폴리턴'은 매우 흡사합니다. 말하자면 자본주의 사회의 '글로벌라이제이션'과 기독교 세계의 '코즈모폴리턴'이 거의 같은 의미로 기능한다고 볼 수 있습니다.

좌파 내에 생긴 틈을 집요하게 파고드는 우파

노동자는 여기서 좌파의 거짓말을 눈치챕니다. 그 틈새를 집요하게 파고든 것이 우파입니다. 우파는 원래 보수주의자입니다. 그들은 '우리 민족은 특별하다. 그에 맞는 대우를 하라. 고용을 지켜라. 외국에서 이민 온 노동자를 쫓아내라. 시장을 닫아라. 외국에서 값싼 상품을 들여와라' 하고 말합니다. 외국의 영향을 배제하라고 말한다는 점에서 그들은 확실히 우파입니다. 그런데 그들이 요구하는 결론은 예전 사회당이 했던 것과 비슷합니다. 다만 이때는 보수주의로 세계가 움직일 거라는 생각은 하지 못합니다. 잘되지는 않았지만, 문제 제기는 합니다.

"세계화로 도리어 노동자의 생활은 가난해졌다. 빈부의 격차가 커졌다"라는 지적은 사실입니다. 그래서 실제로 선거를 하면 실업률이 가장 높은 지역, 가장 산업이 뒤처진 지역에서 우파의 당이 약진합니다. 네오나치 같은 세력이 등장합니다. 그런 한편으로 올랑드 대통령 같은 좌파는 세계화의 선봉에 서면서 "노동자여, 지금은 죽은 것과 같다. 그러나 이 괴로운 날이 지나면 반드시 미래는 올 것이다"라고 말합니다. 그 미래가 언제 올지는 알 수 없습니다. 그 날이 오기 전에 정말로 죽을지도 모릅니다.

마르크스도 "일단 떨어질 때까지 떨어져라"라고 말했습니다. 오늘 당장 먹을 것이 떨어지면 뱃속 깊은 곳에서 분노와 절망이 끓어올라 결국 혁명이 일어날지 모릅니다. 그렇다면 오늘날 프랑스를 비롯한 유럽 국가의 사회당이 방법은 비록 적중하지는 않더라도 크게 빗나가지는 않은 걸까요? 그렇다면 아이로니컬하지만 마르크스주의의 '궁극적 실천'이라고 평가할 수 있을 것입니다.

그러나 그렇게 되지는 않을 것입니다. 그들은 일단 풍요를 알아버렸기 때문입니다. 이해관계로 움직일 수밖에 없는 것이 선진자본주의 국가에 사는 노동자들의 진심입니다. 자신과 그가 속하는 작은 집단의 이익이 손해를 본다고 생각하면 미련 없이 배신할 것입니다. 그렇게 배신한 노동자는 모두 보수주의에 복종합니다. 이런 상태가 지속하면 국가와 각국의 노동자는 서로 분리되고 자본만이 세계를 횡단하게 될 것입니다. 본격적인 자본주의 사회가 시작되는 것입니다.

전 세계가 미국의 속국이 된다고?

선진자본주의 7개국 가운데 3개국미국, 영국, 캐나다, 5대 전승국 가운데 2개국미국, 영국이 같은 언어를 사용한다는 사실에 큰 의미가 있습니다. 여기에 프랑스가 가담하면 과반수를 차지합니다. 이들 국가가 주도하는 세계화를 그대로 추진하면 마지막에는 경제뿐 아니라 법률과 정치, 언어와 문화도 그들의 기준으로 정해집니다. 그들의 논리에 따르지 않으면 '그 나라의 시장은 불공평하다. 자유로운 참가에 장애가 있다'고 트집 잡힙니다.

미국 출신의 다국적기업을 대변하는 형태로 미국이라는 국가가 압력을 가합니다. 그렇게 함으로써 다국적기업은 미국을 내셔널 플래그로 내걸고 그곳에 머물러주기 때문입니다. 즉, 미국 국민의 고용을 받쳐주고 미국에 세금을 내줍니다. 어쩌면 앞으로 일본과 기업이 국민과 직원들에게 영어교육을 충분히 시행하지 않아 그들의 노여움을 살지도 모릅니다. 또 일본 헌법을 미국이 만들었다고 하는데, 꼭 그렇지만도 않습니다. 민법과 형법도 일본인이 프랑스와 독일 법률의 장점을 선택해 편집한 것입니다. 그런데 이런 것까지 미국식으로 바꾸려 할지 모릅니다.

설령 그렇다 하더라도 일본에는 궁극적으로 주권이 없습니다. 한국, 필리핀, 태국, 베트남도 주권이 없다는 점에서는 마찬가지입니다. 미국이 다른 나라의 주권을 침해할 수 있는 이유는 압도적인 군사력을 보유하고 있기 때문입니다. 냉전 시대가 끝난 뒤 미국은 시종일관 강압적인 방식으로 세계를 좌지우지해왔습니다. 극동아시아에 아직 북한의 위협이 남아 있는 이유가 중국의 후원 때문만은 아닙니다. 미국으로서는 일본과 한국을 하나로 묶어두기 위해 '나쁜 주변국'의 존재가 필요했습니다. 북한이 일본에 접근하려고 하자 미국은 북한이 주도했다는 영화사의 해킹 문제를 끄집어내어 공격했습니다. 일본 정부가 북한의 납치 문제를 쉽게 해결하지 못하는 이유, 러시아와 중국과의 영토 문제가 틀어질 대로 틀어진 채 유지되는 분명한 이유가 있는 것입니다.

미국은 이런 정치문제가 꼬일 대로 꼬여 있는 한 그것을 빌미로 동맹국에 영향력을 행사할 수 있습니다. 만일 이 문제를 해결하고 나면 일본 국민은 미국 군사력의 필요성을 더는 느끼지 않게 될 것입니다. 미국은 무엇보다 그 점을 두려워합니다.

지금까지 미국은 '글로벌한 세계'를 핑계로 세계를 지배할 수 있었습니다. 일부 테러리스트만이 예외가 되었습니다. 제대로 된 국가는 전부 미국 편입니다……. 아주 드물게 정치적인 반목은 있어도 자본의 흐름은 그와 무관하게 막힘없이 계속되었습니다. 그러나 지금 그 질서에 상응하지 않는 일당이 나타났습니다. 바로 러시아와 중국입니다.

앞에서 조세회피처 이야기를 했는데, 기본적으로 자본은 세금이 들지 않는 국가나 지역으로 이전됩니다. 만약 러시아가 이 일에 뛰어들면 어떻게 될까요? 강대한 군대의 보호를 받고 거대한 소비시장을 갖는 대국 조세회피처가 탄생할 것입니다. 그렇게 되면 자본주의 사회는 완전히 뒤집힐지도 모릅니다. 러시아가 조세회피처가 되면 강력한 경제 제재, 특히 달러와 유로 같은 결제 통화의 신용 제공이 정지될 것입니다.

자본주의 판도를 뒤흔드는 중국

1980년대까지는 값싼 임금으로 저렴하게 제품을 만드는 것이 중국의 역할이었습니다. '사회주의 국가'인 중국이 자본주의 사회에서 들어오는 산업을 허용해 공장을 짓고 물건을 만들어 수출합니다. 그러나 중국인은 자신이 만든 제품을 사지 않습니다. 제조는 하지만 소비하지는 않는 겁니다.

자본주의 사회의 소비가 정체하자 그것을 대신하는 역할이 중국에 주어집니다. 이제 자신이 만든 제품을 소비합니다. 더 나아가 해외에서 만든 제품도 적극적으로 수입합니다. 예전에는 텔레비전이나 냉장고 같은 내구 소비재를 장만하는 단계였습니다. 다음 단계에서는 자동차 같은 고급 소비재를 삽니다. 또한, 일상적으로 화장품과 고급 기호품도 척척 사들입니다. 불과 10년, 20년 사이에 이렇게 역할이 바뀐 것입니다.

중국인의 소비를 활성화하기 위해서는 임금을 올리는 수밖에 없습니다. 중국 내에 대규모 중산계급을 만들려고 시도합니다. 그 예비군의 수는 엄청납니다. 선진자본주의 국가 전부를 합친 것보다 더 많은 인구를 가진 나라가 바로 중국입니다.

당연히 새로운 문제가 일어납니다. 하나는, 중국인의 임금을 올림으로써 더는 제조국으로 남아 있기 어려워집니다. 정확히는 여전히 세계 최대 제조국이지만, 동시에 세계 최대 소비국이 되고 있습니다. 어쨌든 이윤율이 낮은 산업의 경우, 진출한 외국 기업은 공장을 현지 법인에 팔아넘기고 철수하게 될 것입니다.

또 하나는, 소비국이 되어서 기술을 이전받음으로써 국력이 급속히 증가합니다. 아직은 미국이 패권을 쥐고 있지만, 중국의 국력이 마침내 미국을 따라잡았을 때 자본주의 사회 전체에도 이제까지 만나지 못한 상황이 벌어질 것입니다. 모든 선진자본주의 국가보다 '사회주의 국가'인 중국이 막강한 권력을 갖게 됩니다.

중국은 뚜렷한 의도가 있습니다. 이런 사정을 숙지하고, 끊임없이 선진자본주의 국가들의 약한 고리를 집요하게 파고들고 거침없이 흔들어댑니다. 예를 들면, 중국은 일본과 미국 사이를 갈라놓으려고 합니다. 또 무슨 일이 있을 때마다 "우리는 선진국이 아니다"라고 말하는 것도 지금까지의 선진자본주의 세계와 경계를 분명히 한 상태에서 새로운 권력 구조를 구축하려는 의도입니다.

한편, 선진자본주의 국가의 경제는 그들의 소비에 의존하고 있고 많은 돈을 투자하므로 대놓고 참견할 수는 없습니다. 중동 국가들에 했던 것처럼 강대한 군사력으로 덮쳐버리는 것도 더는 어려워집니다. 그런데 미국만큼은 중국에 추월당하는 순간 세계질서가 바뀌어버리므로 크게 초조해 합니다.

미국의 의도는 이런저런 방책을 써서 중국의 공산당이 지배하는 체제를 붕괴, 혹은 약화하고 막대한 군비를 해체해 '자유'로운 중국으로 만들고자 하는 데 있습니다. 그런 연장선에서 거리낌 없이 '자유'롭게 자본을 투입하고 싶은데, 그 실마리를 찾기가 쉽지 않습니다. 러시아에 대한 과잉 압력도 중국을 간접적으로 압박하기 위해서일 것입니다. '우리 뜻을 거스르면 러시아처럼 된다'라는 식으로 말입니다. 예전에 일본의 경제력이 미국을 따라잡으려고 했을 때 이것을 철저히 차단해버렸습니다. 마찬가지로 미국이 중국의 야심을 무너뜨릴 수 있을지가 앞으로 세계 무대에서 수년간 펼쳐질 주요 정세의 관전 포인트입니다.

저항해야 할 상대가 보이지 않는 시대

일반적으로 사회주의자, 마르크스주의자라 불리는 사람도 이 서양식 민주주의와 인권이라는 사상에 오랫동안 서서히 물들었습니다. 그 결과, 독일 사회민주당도 프랑스의 사회당도 인권 예찬론자이며 세계화의 옹호자입니다. 그 결과, 자본의 선봉 역할을 맡은 것은 사회주의자들, 마르크스주의자들이라는, 어디선가 단추가 잘못 끼워진 일이 벌어진 것입니다.

그런 한편으로 러시아와 중국 경제가 그래도 낫다고 하면 '당신, 민주주의와 인권을 부정하느냐'라고 공격당합니다. 이런 사람들은 세계화를 적극적으로 추진함으로써 국가와 그에 기생하는 기득권 세력을 배제할 수 있고, 세계에 민주주의와 인권의 꽃을 피울 수 있다고 생각합니다. 세계화는 역사의 필연입니다. 마르크스도 이 점을 지적한 바 있습니다. 그러나 그는 거기에 몸을 맡겨도 된다고는 하지 않았습니다. 역사는 자신들의 지혜로 만들어야 합니다. 마르크스의 머릿속에는 객관적인 발상과 주체적인 발상이 있었습니다.

프랑스 2월 혁명이 일어난 1848년 무렵, 혹은《뉴욕 데일리 트리뷴》에 크리미아 전쟁을 비판하는 글을 실을 무렵까지만 해도 그는 객관주의자였습니다. 경제의 필연성이라는 것은 100% 옳고, 세계는 자본주의적인 흐름 하에 '문명화'된다고 생각했던 것입니다. 그때 러시아의 나로드니키가 찾아왔다는 이야기는 앞에서 소개한 대로입니다. 마르크스 안에 주체적인 사상이 싹틉니다. 혁명은 새로운 세계를 만드는 것이며 역사의 필연입니다. 그러나 무엇이든지 새로운 세계를 만들려 해서는 안 됩니다. 혁명도 역사의 필요성에 따라서 생각하지 않으면 안 됩니다.

선진자본주의 국가에서는 민족주의 색깔의 당이 표를 얻습니다. 갈수록 우파가 발언권을 확대하고 있습니다. 그들은 보호주의를 소리 높여 주장합니다. 다른 나라의 것을 무조건 배척하여 자국민을 지키라는 것인데, 이것은 '반세계화'입니다. 선진자본주의 국가에 생긴 우파 정권은 보호주의라는 관점에서 러시아나 중국과 한패라는 의미입니다. 참으로 기묘하지 않은가요? 결국은 역사의 필요인 세계화의 흐름에 거역해 자국 자본을 지키라는 걸까요?

그와 대립하는 사회당계, 좌파 조직은 이상하다며 반론을 제기합니다. 그럼 사회주의를 표방하는 당이 세계화를 지지하는 걸까요? 자본주의의 선봉을 맡는 걸까요? 이것도 이상합니다. 그렇다고 해서 노동자가 반드시 사회당을 지지해야 하는 것도 아닙니다. 역사의 필연에 저항하는 것은 말처럼 간단하지 않습니다. 더욱이 마르크스 시대와 달리 무엇을 저항해야 하는지 막연하고 그것이 뚜렷이 보이지 않습니다. 그래도 단호히 저항하지 않으면 안 됩니다.

혼미한 시대에 되살아나는 마르크스의 부활 가능성

실제로 역사에는 필연과 우연이 공존합니다. 단, '이렇게 되면 대략 이렇게 된다'라는 커다란 흐름 속에서의 필연은 있습니다. 말하자면 이익의 흐름이 그렇습니다. 예컨대 참지 못할 만큼 배고픈 두 사람이 있는데, 빵은 한 개뿐이라면 어떻게 될까요? 자신이 참겠다고 말하는 사람도 집에서 자녀가 배고파 울고 있다면 달라지지 않을까요?

이쯤 되면 대략 짐작이 갈 것입니다. 마찬가지로 다섯 명에 빵 한 개일 때와 스무 명에 빵 한 개일 때를 비교하면 스무 명일 때 빵의 가치가 올라가기 마련입니다. 물가도 오릅니다. 이러한 이익을 둘러싼 경제적 현상은 필연적으로 일어납니다. 역사는 인간 행위의 집적이라서 대략적인 흐름이 있습니다. 여기서 역사의 법칙과 발전 단계를 찾아내려는 것이 서양 역사학의 기법이고, 그 기법을 따르는 것이 마르크스주의입니다.

이런 역사학도 반드시 진실이라고는 할 수 없습니다. 모든 역사는 우연한 일의 연속입니다. 따라서 이론화할 수 없습니다. 모든 것을 당시의 문헌으로 낱낱이 조사하는 수밖에 다른 방법이 없습니다. 그러나 문헌이 구멍 날 정도로 뚫어지게 들여다봐도 진실은 보이지 않습니다. 다소 무리를 해서라도 보이지 않는 것을 보려고 애쓰는 수밖에 없습니다. 역사의 법칙과 발전 과정에서 시작해 찬찬히 따라가지 않으면 우리는 이내 실마리를 잃어버리고 말 것입니다. 특히나 지금처럼 혼미한 시대에는 무언가를 보고 싶어 합니다. 마르크스주의의 부활 가능성은 이런 부분에도 스며 있다고 생각합니다.

살아 있는 인간의 세계, 끊임없이 변화하는 역사의 필연

역사에는 필연이 있습니다. 그러나 그 필연이 아무런 장애 없이 진행되는 것은 아닙니다. 필연에 반대되는 요인이 반드시 생기게 마련입니다. 그로 인해 역사의 필연은 변화합니다. 살아 있는 인간이 만드는 것이라서 우연적 요소도 많습니다. 또한, 살아 있는 인간이 만들므로 변동도 있습니다. 그것을 한눈에 꿰뚫어보기가 말처럼 쉽지 않습니다. 예를 들면, 역사의 필연에서 보면 노동자의 임금은 떨어질 수밖에 없습니다.

그렇다고 노동자도 잠자코 보고 있지만은 않습니다. 조합 활동을 강화해서 싸우면 경영자가 노동자의 요구에 수긍하며 얼마간 임금을 올려줄지도 모릅니다. 부딪혀보기 전에는 알 수 없는 일입니다. 그런데 만약 대기업의 노동조합 간부가 공식적으로 다음과 같은 말을 했다면 어떻게 될까요? '자본주의는 이미 어쩔 수 없는 운명입니다. 우리 회사도 어렵습니다. 아무리 조합 운동을 해도 이 흐름을 거역할 수는 없습니다. 따라서 임금을 낮은 수준으로 평준화할 수밖에 없습니다. 마르크스도 그렇게 말했습니다'라고. 그 순간 노동조합의 생명은 끝입니다. 그 순간부터 노동자의 임금도 급속도로 떨어질 것입니다.

결과론적으로 봤을 때는 어쩌면 쓸모없는 저항일 수도 있습니다. 그러나 '바꾸자'라는 자세를 갖는 것이 긍정적인 변화를 위한 커다란 기폭제가 됩니다. 최초의 사회주의 국가 소련은 비록 실패로 끝났고 해악도 많았지만, 긍정적인 변화도 적지 않았습니다. 일테면 오늘날의 연금제도와 같은 사회보장제도를 맨 처음 시작한 것이 소련이었습니다. 직원에 대한 주택 지원 역시 마찬가지입니다. 순수한 자본주의 사회에서는 이런 발상 자체가 생겨나기 어렵습니다. 불완전하나마 '사회주의 국가'가 만들어짐으로써 인류가 비로소 손에 넣게 된 안전망입니다.

과거 자본주의 사회에서는 노동자에게 주택이나 기업연금을 준다는 생각을 눈곱만큼도 하지 않았습니다. 그러나 '소련에 있는 것이 자신들이 만든 선진적인 국가에 없다는 것은 뭔가 이상하다'라는 문제의식에서 그 사회에서도 새롭게 갖추고 정비할 수밖에 없게 된 측면이 있습니다. 그 명백한 증거로, 소련이 붕괴하자마자 많은 선진 유럽 국가들에서 그런 식의 안전망이 대폭 축소되거나 폐지되는 상황에 부닥쳤습니다. 이렇듯 자본주의 사회에서도 사회주의 사상은 쓸모가 있는 것입니다.

자본주의 사회는 영원히 지속할까

우리가 사는 자본주의 사회는 영원히 지속할까요? 경제성장과 물질적 풍요를 끊임없이 추구하는 이 체제가 과연 인류의 궁극적인 목표였을까요? 2008년 미국과 전 세계를 거세게 강타했던 리먼 브러더스 사태와 일본을 치명적인 위기로 몰고 갔던 2011년 동일본대지진을 경험한 우리에게 성장 지상주의는 점점 더 커다란 부담이 되고 있습니다.

1991년 12월 25일, 한 해가 일주일도 남지 않은 시점에 사회주의 국가의 종주국 소련이 무너지고 전 세계가 자본주의 일색이 되었습니다. 그로부터 25년여 세월이 지난 지금 자본주의는 과연 궁극적인 승리를 거두고 순풍만범順風滿帆의 세계를 실현했다고 자신 있게 말할 수 있을까요? 21세기에 들어서면서 세계 유일 패권국가이자 초강대국으로 군림해온 미국은 늘 분쟁의 소용돌이에 휘말려 있고 크고 작은 전쟁을 치르느라 분주합니다. 이 나라는 테러와의 전쟁이라는 구실하에 비합법적인 활동을 더욱 강화하고 있으며 선전포고 없이 다른 나라를 공격하거나 개인의 프라이버시 침해도 서슴지 않습니다. 자국의 이익을 지키고 영향력을 유지하기 위한 안간힘이자 고육지책苦肉之策인 셈입니다.

그런데도 미국의 국력은 정치, 경제, 외교, 문화, 군사 등 모든 방면에서 지속해서 약화하고 있습니다. 이런 흐름 속에서 미국은 자국의 영향력 아래에 놓여 있던 세계의 주요 지역을 방위하기 위해 일본을 비롯한 동맹국의 긴밀한 협력이 절실히 필요하게 되었습니다. 이러한 점들이 센카쿠 열도와 스프래틀리 군도, 우크라이나, 시리아, 말리 등 첨예한 분쟁과 갈등의 소지를 안고 있는 지역에서 '미국 편과 그 외'라는 식의 편 가름의 원인이 되고 있습니다. 불행히도 미국적 자본주의가 맹위를 떨칠수록 그에 맞서 대항하는 세력이 더 많이 만들어집니다. 여기저기서 미국적 이데올로기를 강요하는 것에 대해 반발심을 느끼거나 의구심을 품는 나라와 개인이 그만큼 더 많아지기 때문입니다.

미국적 자본주의는 18세기에 시작된 영국의 산업혁명과 프랑스의 시민혁명이 만들어낸 자본주의적 시민사회, 기독교 이념, 민주주의, 인권주의라는 복합적인 구조로 되어 있습니다. 사람과 사람 간의 유대를 무엇보다 중시했던 중세 봉건시대의 공동체적 사회에서 벗어나 모든 사람이 독립적인 개인이 됨으로써 자유로운 경제활동의 주체가 되게 하겠다는 이념입니다. 더 나아가 민주주의와 인권이 살아 있는 풍요로운 사회를 만들겠다는 이념입니다. 그런 논리를 가장 체계적으로 설명하고 설득력 있게 제시해온 것이 바로 애덤 스미스의 『국부론』입니다.

미국은 자본주의 대국이면서 동시에 기독교 이념의 대표자 격인 나라이기도 합니다. 오래전에 미국이라는 나라를 건설한 이들은 북아메리카 대륙에 기독교 이념을 실현하고자 한 사람들이었습니다. 여기에서 한 발 더 나아가 오늘날의 미국은 자본주의라는 열차에 기독교 이념을 탑재하여 전 세계에 보급하려 합니다. 그 결과 가장 먼저 종교 문제가 필연적으로 일어날 수밖에 없고 기독교 이외의 종교 이념과 첨예하게 대립하게 됩니다. 이슬람교를 비롯한 아시아, 아프리카, 중동 지역의 여러 종교는 말할 것도 없고 심지어 유대교와 기독교 일파 중 하나인 그리스 정교회 이념과도 갈등을 겪습니다. 그런 기독교와 무관한 세계가 유지해온 전통은 미국형 자본주의에 대해 위화감을 느끼게 됩니다.

우리가 사는 오늘날의 세계는 '미국과 서방세계 위주의 자본주의적 문명 세계'와 '그에 회의적인 시각을 가진 나머지 세계'로 분리되어 있습니다. 후자를 대표하는 나라들은 러시아, 중국, 그리고 중동의 여러 국가입니다. 전자의 관점에서 후자는 '문명 파괴자테러리스트'이자 극복해야 할 적으로 인식됩니다. 그런 흐름 속에서 전자와 후자의 두 진영이 서로 명확히 분리되어 냉전 시대와 약간 비슷한 대치 양상을 띱니다.

세계화는 전자에 의한 세계의 실현으로, 후자에 대해 철저히 포위망을 넓혀가는 과정으로 볼 수 있습니다. 일본이라는 국가와 사회는 일찌감치 서양화함으로써 재빠르게 전자의 대열에 합류했고, 태평양 전쟁 이후에는 미국의 휘하에서 가장 '촉망받는 구성원' 중 하나로 자리매김했습니다.

그러나 관점을 약간 바꿔봅시다. 간과해서는 안 될 것은 일본은 서양이 아니라 아시아 국가라는 사실입니다. 메이지 시대1868~1913 이후 일본은 '탈아입구脫亞入歐'(아시아를 벗어나 유럽에 속하다)를 부르짖었지만, 결과적으로 그렇게 되지 못했습니다. 자신이 선진자본주의 그룹의 당당한 일원이라고 주장하지만, 왠지 어색하게 느껴지고 조금은 겉돈다고나 할까요?

벌써 몇십 년 전의 일이지만, 일본에 마르크스 사상이 꽤 널리 퍼진 적이 있습니다. 그리고 유럽 대륙에서 마르크스 사상이 주목받은 곳을 보면 대부분 상대적으로 '개발이 뒤진 나라'였습니다. 유럽 밖으로 눈을 돌려보면 러시아와 중국은 물론이고 한때는 일본도 그 일원이었습니다. 그렇다면 상대적으로 '개발이 늦어진 지역'에 마르크스주의가 먼저 보급되는 까닭은 무엇일까요? 여기에는 놀랍고도 거대한 비밀이 숨어 있습니다. 그 진실에 다가가기 위해 나는 이 책을 집필했습니다.

마르크스주의는 서양적 자본주의의 발전에 위화감을 느끼는 지역에 주로 유포되었습니다. 또한, 마르크스주의에 덜 '감염'된 나라일수록 서구적으로 발전한 나라가 되었습니다. 그런데 한 가지 유념해야 할 점은 영국과 미국 같은 앵글로색슨 국가를 제외한 다른 서방국가들, 예컨대 프랑스와 독일에는 지금도 마르크스주의가 일정한 영향력을 발휘하고 있다는 사실입니다. 이런 관점에서 볼 때 이들 나라는 어쩌면 순수한 서방세계라고 하기 어려울지도 모릅니다. 또한, 오늘날 폭넓게 '서방세계'의 범주에 포함되는 나라도 사실은 앵글로색슨 지역에만 한정된다고 할 수도 있습니다.

오늘날의 자본주의 세계는 미국을 중심으로 움직이지만, 사실 그 중핵은 일부에 불과합니다. 그 이외의 나라들은 대부분 '별종의 자본주의'를 실현해가고 있다고 볼 수도 있습니다. 프랑스와 독일 같은 나라에 사회보장제도가 잘 갖춰져 있고 핀란드, 스웨덴, 네덜란드, 덴마크 같은 북유럽 국가의 경우 얼핏 보아 사회주의라고 착각할 만큼 완벽에 가까운 사회보장 시스템이 구축되어 있다는 점이 그 명백한 증거입니다.

이런 관점에서 세계를 보면 미국을 중심으로 한 자본주의에 대항하는 나라가 비단 러시아, 중국, 중동의 이슬람권 국가들만이 아니라 그 외의 상당히 넓은 지역을 포괄한다고 할 수 있습니다. 이런 맥락에서 지금부터 우리가 취해야 할 자세에 대해 고민해보아야 합니다. 그리고 더 나아가 지금의 자본주의가 앞으로 어떻게 진화해갈지 진지하게 생각하고 예측해보아야 합니다.

자본주의를 모르면 자본주의에 당한다!

위험한 자본주의

1판 1쇄 발행 2015년 9월 14일
1판 2쇄 발행 2015년 10월 1일

지은이 마토바 아키히로
옮긴이 홍성민
펴낸이 이재두
펴낸곳 사람과나무사이
출판등록 2014년 9월 23일(제2014-000177호)
주소 경기도 고양시 일산서구 강선로 141, 1602동 1504호
전화 (031)815-7176 팩스 (031)601-6181
이메일 jaedoori@hanmail.net

ISBN 979-11-955759-0-9 03300

이 도서의 국립중앙도서관 출판예정도서목록(CIP)은 서지정보유통지원시스템 홈페이지(http://seoji.nl.go.kr)와 국가자료공동목록시스템(http://www.nl.go.kr/kolisnet)에서 이용하실 수 있습니다.(CIP제어번호 : CIP2015018896)